AMADEUS VOLDBEN

El Protector Invisible

El guía que nos ayuda
en los momentos difíciles

AMADEUS VOLDBEN

El Protector Invisible

El guía que nos ayuda
en los momentos difíciles

PANAMERICANA
EDITORIAL

Editor
Panamericana Editorial Ltda.

Dirección editorial
Conrado Zuluaga

Traducción
Mario Bernardoni

Diagramación
Rafael Rueda A.

Cubierta
Diego Martínez

Título original del libro: *Il protettore invisibile*
Copyright© 2002 por Hermes Edizioni _ Via Flaminia 109 _ 00196 Roma

Primera reimpresión, mayo de 2010
Primera edición en Panamericana Editorial Ltda., febrero de 2007
Copyright© 2006 de la traducción, por Panamericana Editorial Ltda.
Calle 12 No. 34-30 Tel.: (571) 364 9000
www.Panamericanaeditorial.com
Bogotá D.C., Colombia

ISBN 978-958-30-1662-2

Impreso por Panamericana Formas e Impresos S.A.
Calle 65 No. 95-28 Tel.: 4302110
Bogotá D.C., Colombia
Quien sólo actúa como impresor.

Impreso en Colombia
Printed in Colombia

CONTENIDO

PARA COMENZAR...

De lo alto desciende
la virtud que me ayuda.

DANTE, *La divina comedia,*
Purgatorio, I, 68.

En los comienzos de esta difícil búsqueda espiritual, se nos dijo: "Si son constantes, verán cosas maravillosas".

Antes ya nos habían exhortado, con lapidaria precisión: "Caminen derechos y estarán acompañados".

En los años siguientes, la constancia en seguir la vía trazada fue el compromiso principal y aquello de caminar derechos se volvió un absoluto, aun dentro de las limitaciones de nuestra buena voluntad y de nuestra capacidad.

La promesa, que se apoyaba en la condición establecida, se mantuvo: "Verán cosas maravillosas y estarán acompañados".

Y se verificó. Este libro es, en parte, un testimonio.

Medita estas páginas vividas, tal vez algún día vuelvas a buscar este libro que podrá ayudarte a superar un dolor, a completar una alegría, a tener confianza en la vida y, sobre todo, en el Protector Invisible.

Voldben

El hombre no está solo

*Cuán despreciable es el hombre
que no sabe elevarse sobre las cosas humanas.*

SÉNECA.

La confianza en sí mismo, una de las principales fortalezas que deben conquistarse en la batalla por la vida. Esa confianza que otorga la fuerza para enfrentar los muchos problemas de la existencia humana.

Es necesario creer en sí mismo para desarrollar las energías que están dentro de cada uno, el tesoro desconocido para muchos, y con demasiada frecuencia olvidado por ignorancia o por descuido.

Cuando el hombre ha desarrollado hasta cierto nivel sus facultades latentes, y después de haber experimentado la alegría de muchas victorias, puede encontrarse con dificultades que no supera.

Se da cuenta entonces de que existen hechos y situaciones que no dependen de él porque son superiores a sus capacidades.

A pesar de todos sus esfuerzos, es impotente para dominarlas e incapaz de resolverlas. Puede suceder, entonces, que ante estos hechos empiece a convencerse de que existe algo que trasciende la mente y la potencia del hombre, de que existen seres superiores a él y planos de vida hasta donde él no puede llegar todavía; entonces se siente encerrado y restringido en un marco muy estrecho de la infinita vida.

UNA VISIÓN MÁS AMPLIA DE LA VIDA

En una época en la cual el materialismo amenaza con hacer recaer a la humanidad en la barbarie, es necesario reafirmar en nombre del conocimiento, que va más allá de los límites de la ciencia, que el hombre no es el único ser en el universo, ni está en el grado más alto de la escala de los mundos.

Es necesario reafirmar que el hombre es tan solo un átomo de la vida infinita, un microcosmos en una escala de mundos en cuyo origen está una inteligencia suprema .

El infantilismo materialista que se cubre con el manto de la ciencia, pretende explicar todos los fenómenos con los poderes del hombre, como una etapa final de la evolución, por encima de la cual nada existe.

Sólo una miopía que linda con la ceguera podría hacer creer que fuera del hombre nada ni nadie existe para gobernar, con leyes admirables, la vida latente de los universos.

Tal vez esto pudo aceptarse en otros tiempo cuando se creía que la Tierra era el centro del universo.

Después de Kepler y Galileo, la humanidad renunció al concepto geocéntrico del universo, pero todavía tiene que deshacerse del concepto antropocéntrico, demasiado ingenuo y orgulloso, consecuencia del anterior.

Nadie puede ser tan ciego como para pensar que el hombre es el más evolucionado de los seres y que más allá de éste no existen otros, entre los innumerables universos que constituyen la vida infinita. Así como en el plano humano existen seres menos avanzados, por encima hay otros más avanzados. Quien mira hacia abajo se siente inclinado a ver solamente el mundo vegetal y el mundo animal, en los cuales hay tantas maravillas, como en todas las manifestaciones de la naturaleza.

Todo hombre consciente experimenta la necesidad de elevarse por encima del concepto zoológico de la existencia, superando el círculo mezquino en el cual la concepción materialista pretende encerrar a la humanidad. Nadie puede vivir siempre encerrado en su propia mezquindad, mirando solamente hacia abajo.

Se debe pensar también en lo que está más arriba, en lo que viene después, más allá de la vida humana, donde existen seres con capacidad superior a la nuestra, hasta un límite que no sabemos percibir.

El hombre ciertamente no es el único ser ni el más elevado en la escala de los mundos. Basta pensar en los millones de galaxias de las cuales los científicos ni siquiera conocen el número. Y, ¿de qué servirían esos mundos, en los cielos infinitos, sin una razón que el pequeño hombre todavía no logra comprender? Solamente hipótesis e intuiciones pueden ayudarle a la limitada capacidad humana para ampliar el pequeño círculo del horizonte en el que estamos encerrados.

Levantando la mirada de las pequeñeces terrenales, nos sentiremos atraídos hacia lo alto como por poderosos imanes, aliviados por el pensamiento constante que de allá nos llega la ayuda en las circunstancias penosas de una existencia atormentada. Las leyes que gobiernan los universos, leyes justas e inmutables, no fueron creadas por el hombre. Una mente soberana, una inteligencia suprema, es seguramente la reguladora de ese organismo maravilloso que llamamos "naturaleza". Pero si el hombre no está solo y existen seres superiores a éste que presiden los varios planos de la "gran vida", hay que pensar también que ésta no se desarrolló en compartimentos cerrados, sino que entre los varios niveles hay comunicación e intercambio mutuo.

Sucede como en la planta donde las ramas, aparentemente separadas, reciben la savia vital que las alimenta de la misma fuente, a través del tallo.

EL HOMBRE NO ES AUTOSUFICIENTE

Es cierto que el hombre es capaz de muchas cosas, pero no de todo. Como cualquier ser en crecimiento, necesita ayuda. Todavía no ha desarrollado el discernimiento ni está dotado de una conciencia suficiente; por tanto, necesita ser guiado y protegido en su camino.

La humanidad se enfrenta con sucesos que no puede superar por sí sola. Se hundiría y tendría que sucumbir, si no llegaran otras fuerzas que existen en la naturaleza.

La deificación que hacen del hombre los que le atribuyen todas las manifestaciones, como cierta miopía parapsicológica que niega toda manifestación superior, no tiene fundamento lógico ni científico, es tan solo la miopía de hombres cerrados.

Así como nosotros actuamos sobre otros seres, ¿por qué no podría existir que otros actuaran sobre nosotros?

La valoración parcializada de los hombres que niegan las verdades más altas, es contraria a la lógica.

En su viaje por los caminos de los mundos, el hombre lleva consigo la riqueza de su origen y la miseria de sus limitaciones temporales.

En los primeros tiempos se identifica con su cuerpo físico, con la parte material que luego tendrá que abandonar, olvidando su propio valor real. Se arrastra así por varias existencias, creyéndose un animal o al máximo identificándose con el instrumento cerebral que toma como su verdadero ser. Pero para que no se desvíe demasiado de su camino, es ayudado y protegido aunque no siempre se dé cuenta de ello. Entre las miserias de la existencia humana está el oscurecimiento de la memoria, en el que el hombre, olvidando su origen divino, no se conoce ni siquiera a sí mismo: camina como un ciego por una calle oscura y piensa que está abandonado y solo.

Si tuviera una memoria perfecta podría recordar el pasado hasta en los mínimos detalles. En cambio, olvida con una facilidad increíble, y también, después de pocos años, hasta se le dificulta reconocer personas que fueron sus amigas.

A causa de este olvido, nosotros pasamos mil veces cerca de la verdad y no la vemos. Nos damos cuenta de eso solamente cuando estamos maduros para ella. Pero para llegar a esta madurez, hay que recorrer el camino del dolor: éste parece la vía obligada para despertar. El hombre no puede hacer muchas cosas, con base en las escasas capacidades de su cuerpo sometido al cansancio, a la enfermedad, a la muerte. Con el cuerpo habitamos la Tierra y estamos ligados a ésta, imposibilitados para ir más allá, a los espacios celestiales que podemos admirar tan solo como pequeñas luces sobre nuestra cabeza.

El granito de polvo en el que estamos encerrados es tan solo un pequeño cuarto del gran palacio que es el sistema solar, pero no podemos ir más allá; nos sucede como a los niños encerrados en su cuarto de juegos. Prisioneros en la densidad de la forma, estamos sometidos a la ilusión del movimiento en el espacio y al transcurrir del tiempo, mientras en realidad existe sólo el eterno presente y la infinita presencia.

Por más que nuestras capacidades intuitivas sean realmente grandes, y hagan de nosotros la imagen de Dios, nuestras limitaciones en la experiencia terrenal son tan pesadas como la tierra que habitamos.

Además, nuestro mundo, aun el de los sentidos, es tan restringido, que dedicamos gran parte de nuestra vida física al nivel más bajo y no lo superamos, mientras muchos animales logran ver y sentir lo que nosotros no vemos ni escuchamos.

Necesitamos ayuda

Las fuerzas de cada uno llegan hasta cierto punto, no pueden llegar más allá. El hombre no es autosuficiente, necesita ayuda, especialmente en ciertas circunstancias.

Hay que tener confianza en sí mismo y sacar todas las fuerzas que tenemos. Pero apoyarlo todo y totalmente con las propias fuerzas es un cálculo erróneo, porque nuestras fuerzas son limitadas, no pueden alcanzarlo todo.

Por esto el hombre busca en otra parte y pide ayuda. Es un hecho natural. Esto es religión: lazo, o mejor, unión con el Todo. Más allá de las fuerzas limitadas, es el Invisible que interviene.

Por fortuna, en la condición humana, ninguna situación dura mucho. La precariedad de esta condición lleva a la continua búsqueda de seguridad, pues nuestra existencia está marcada por la inestabilidad y el cambio: es como un agitado viaje, en el que no hay un momento en que todo esté realmente quieto y fijo. El equilibrio y la paz son la conquista de cada instante, mediante la armonía continua de las fuerzas que se disputan el dominio.

Hay necesidad de emplear las propias energías para alcanzar la seguridad y el equilibrio. La evolución es larga y fatigosa, y los últimos confines son invisibles para nuestra pequeña mente limitada. Ascendiendo al plano de la conciencia, somos capaces de establecer contacto con los seres de los mundos superiores. Gracias a la capacidad que hemos logrado en virtud de un mayor desarrollo, necesitamos extraer energía de los planos más elevados hacia los cuales nos dirigimos en búsqueda de ayuda y apoyo.

Desde lo alto puede llegarnos lo que necesitamos para progresar. Nuestra existencia llena de peligros y luchas debe fortalecerse con estas ayudas y alimentarse de quien puede más que nosotros, para socorrer nuestra debilidad.

La ayuda que viene desde arriba se parece a la que en la existencia humana les dan los padres a los hijos, los maestros a los alumnos, el que sabe y entiende mejor al que conoce menos, el más fuerte al débil, a quien quiere ayudar a elevarse. Quien tiene más capacidades es llevado por la expansión del amor a compartir con el que no las tiene: es una ley natural.

Hasta en el mundo animal, los animales feroces y los reptiles peligrosos ayudan, asisten y alimentan a los pequeños que todavía no pueden proveerse para su supervivencia.

El amor es la primera ley para los seres más evolucionados; el bien, el primer ideal: amor y bien que se concretan en ayudar a los menos capaces. El amor y el bien son ley para cada nivel de vida: valores universales válidos para todos los mundos, medio y fin para la realización de la vida misma.

El primer custodio, el ángel tutelar que guía, asiste, ayuda y protege en la existencia terrenal, es el yo espiritual que el hombre hospeda dentro de sí. El yo divino que habita en nosotros es el guardián silencioso que ve todo, incluso los pensamientos más pequeños, aun cuando se demore en manifestarse en la conciencia.

Así como nuestro espíritu orienta nuestra vida, otros espíritus, como rayos de un mismo sol, son guías en cada uno de los niveles de la vida. Los grandes espíritus con nombres conocidos, desconocidos o sin nombre, los genios, los héroes, los santos de cada religión, los sabios de todos los tiempos, son considerados como "muertos" solamente por una miopía materialista.

Ellos viven, son luz para nosotros y para todos los que ellos guían desde sus "planos". Nosotros amamos y admiramos a estos maestros: son la cima que queremos alcanzar. Jesús dijo: "Donde hay dos o tres personas reunidas en mi nombre, yo estoy en medio de ellas". Es una verdad del Divino Maestro que debemos recordar en cada circunstancia de nuestra inquieta existencia.

DÓNDE SE ENCUENTRA LA VERDADERA PROTECCIÓN

Quien está solo puede contar únicamente con su propia fuerza; quien forma parte de un grupo se siente potenciado por la fuerza de ese cuerpo total. En tiempos pasados, el que vestía el uniforme de un príncipe, de una familia poderosa, estaba orgulloso porque percibía una parte del linaje de la "casa", se sentía fuerte y protegido por el poder al cual servía. Ahora muchos creen poder fortalecerse a sí mismos en las agrupaciones de ideas o de intereses. De aquí se derivan los grupos, los partidos y las asociaciones.

El hombre siente instintivamente la necesidad de apoyarse en alguien; ésta es la manifestación inconciente del que siente su propia insuficiencia, pero es también la necesidad instintiva de la búsqueda de seguridad, aspiración constante en un mundo incierto e inseguro.

En el plano inferior, el servilismo y la adoración de los ídolos efímeros forman parte de la búsqueda instintiva de aquellos que carecen de discernimiento y, guiados por el miedo, desconocen dónde está la verdadera protección del hombre.

Quien no ha comprendido nada de este profundo sentimiento humano afirma que Dios ha sido inventado por el miedo del hombre. Al distorsionar una verdad fundamental, ha trastocado los términos del problema porque sus ojos enfermos le hacen ver al contrario. La necesidad de seguridad aumenta debido al temor que provocan las fuerzas agresivas de todo género que parecen desencadenadas para oprimir al débil. Muchos sienten la ansiedad y el temor continuos de ser víctimas de la violencia o de acontecimientos adversos.

A la angustia de los más sensibles que perciben con anticipación la inminencia de los sucesos luctuosos y de las tragedias colectivas que se ciernen sobre la humanidad, se añade la criminalidad creciente, mientras la impunidad es estimulada por la inercia y la impotencia de quienes deberían reprimirla.

Nos preocupamos por la inestabilidad social, económica o política y por otras mil dificultades que se presentan cada día; por la seguridad personal y de los hijos, por el porvenir que parece cada vez más oscuro y amenazador.

La falta de seguridad en los tiempos que vivimos produce efectos desastrosos en el hombre, quien reacciona con temor ante la tensión permanente. Pero el temor no es sólo una defensa sino el deterioro de la condición psíquica.

Quien niega la realidad del alma, confía su protección exclusivamente a sus capacidades, a la fuerza y al poder, que se traducen en cosas, dinero, armas, puertas blindadas, amistades, posición social, etcétera.

Pero la desilusión es inevitable, aunque tarde en llegar. Al que se encuentra en situación de vulnerabilidad moral, de nada le sirven los medios humanos de defensa, ni siquiera los de técnicas más avanzadas, porque tendrá que sufrir personalmente el mal que hizo sufrir a los demás.

En cambio, nadie sufrirá jamás lo que por el karma no le pertenece. Éstas son las premisas para toda ayuda y toda defensa de parte de nuestros protectores invisibles, y quien se ha educado con estas premisas puede estar seguro en ellas.

El hombre nunca está solo, aun en la sufrida experiencia humana: cada uno tiene contactos con el Invisible que lo acompaña, guía y ayuda, aunque no siempre se dé cuenta.

MIEDO,
DESESPERACIÓN Y FE

Lo que nos hace vivir en permanente temor es el conocimiento, aun inconsciente, de la inestabilidad de la existencia. Sufrimos las enfermedades, las desgracias y los problemas; tenemos miedo de ser damnificados, golpeados por los demás, alcanzados por la malicia ajena; tememos perder lo que hemos conquistado con trabajo y aun con dolor, ser privados de los bienes, de la posición, de la libertad o de la fama.

La conciencia de las limitaciones propias le infunden al hombre inseguridad y miedo: es como una nave con autonomía insuficiente en busca del puerto. Este sentimiento natural aparece en los momentos de dolor, en los cuales sentimos que nos falta el piso debajo de los pies. Entonces, en el peligro, percibimos, más que en otros momentos, nuestras limitaciones. Al caer las vendas del orgullo, se tiene una visión concreta de esta realidad.

Cuando todo es favorable, creemos tenerlo todo y no necesitar nada. No vemos nuestra insuficiencia porque no podemos compararnos con quien es mayor, ni podemos ver la diferencia. La verdadera medida de nosotros mismos podemos establecerla solamente comparándonos con lo que está más alto y es más poderoso que nosotros. Si nos comparamos con lo más pequeño, nos consideramos gigantes.

* * *

Quien ha escrito que la religión es producto del miedo no comprende la más profunda necesidad humana y confunde el efecto con la causa. La situación de peligro y la condición del dolor le recuerdan al hombre la propia insuficiencia, le hacen añorar la casa del Padre y le despiertan el recuerdo de la potencia que le dio la vida. Es solamente de allá de donde puede tomar la energía y la fuerza que necesita. El miedo, en algunas ocasiones, puede contribuir a despertar en el hombre este sentimiento innato.

Ésta es la religión: la sed de conectarse con el propio origen y, en la fe, la certeza de encontrar la fuerza que falta.

La ceguera del materialismo, por el contrario, es un verdadero retorno a la barbarie, aquélla considera al ser humano solamente en su parte animal. Cuando olvidó su origen, éste fue atraído por la ilusión del goce confiando solo en su potencia.

Únicamente después de la amargura de la desilusión se produce el despertar. Entonces, la búsqueda de apoyo es la expresión más natural.

En la desgracia, en la adversidad, en la enfermedad, en el trabajo es espontánea la búsqueda de lo que se piensa apto para levantarnos, para ayudarnos, para liberarnos. Por lo tanto, es ridícula la afirmación de que el hombre ha inventado a Dios y la religión, pues la constatación de la propia debilidad despierta en él el recuerdo de su origen y de lo que hay en él.

Siente, entonces, íntimamente, la existencia de otros planos de vida y que la ayuda le puede llegar de otros seres más avanzados; intuye, en su recuerdo, en su alma profunda, en el inconsciente, lo que ya sabe, pero que yace debajo de su conciencia. El niño no ha inventado la madre pero se acuerda de ella en el peligro y la llama espontáneamente. Sin embargo, las absurdas mitificaciones de los escépticos de hoy encuentran inmediatamente credibilidad en aquellos que están en su mismo nivel de evolución.

* * *

La innata necesidad de luz, de verdad, se despierta en los momentos cruciales y es el verdadero impulso hacia la búsqueda

de Dios, fuente de todo. Cuando el ser humano se cree fuerte, es prepotente, opresor de los débiles y piensa que todo debe sometérsele; se comporta de manera egoísta, porque esa necesidad innata está ofuscada por el orgullo de imaginarse potente. Sólo cuando es golpeado por el dolor, experimenta sus debilidades y empieza a entender. Entonces se da el cambio de comportamiento.

Don Rodrigo[1] se vuelve humilde sólo cuando se da cuenta de que ha sido contagiado por la peste.

Por el contrario, el bienestar, el poder y la abundancia lo hacían orgulloso y prepotente. En esta condición, el ser humano busca a los otros sólo para mostrar su poder y hacerlo pesar sobre ellos. Este materialismo más rastrero, expresado en el poder, le niega al otro los derechos elementales. El hombre equilibrado, sabio, consciente de sus limitaciones, no abusa de la condición ventajosa, ni se deprime en la desventajosa, sabe que es tan solo un eslabón de la vida infinita, en la cual otros seres viven y obran por la ley del amor.

No temáis, vuestras casas estarán a oscuras

Durante la Segunda Guerra Mundial, en los meses de la ocupación alemana de Roma (septiembre de 1943 - julio de 1944),

---

[1] Don Rodrigo: personaje de *Los novios*, de A. Manzoni.

en la vía Rasella habitaba un obrero de la tipografía Petrignani, ubicada en la cercana vía del Búfalo. En la casa de Otelo Petrignani, situada en la Plaza de la Academia de San Lucas, se realizaban frecuentes reuniones con una médium, a la que concurrían muchos, quienes de las enseñanzas espirituales sacaban gran ayuda moral y consuelo en esta época triste de miedo y de ansiedad. Unos días antes de los trágicos sucesos que finalizaron en la masacre de las Fosas Ardeatinas, en una comunicación del "más allá" se había dado la advertencia de no temer "porque vuestras casas estarán a oscuras".

Nadie entendió el sentido de esas palabras enigmáticas a pesar de que los saqueos diarios, los allanamientos y las pesquisas podían significar cualquier cosa. En esa terrible tarde del 23 de marzo, después de la matanza de la vía Rasella, los militares alemanes requisaron, casa por casa, a todos los habitantes de la vía, escudriñaron cada rincón, cada escalera, cada escondrijo, desde las cantinas hasta las buhardillas, y obligaron a todos a salir de sus apartamentos y a permanecer en la calle recostados contra la pared con las manos en alto, a la espera de su trágico destino. Nadie podía escapar porque toda la zona estaba controlada.

Cuando le llegó el turno al edificio donde vivía el obrero tipógrafo, la familia estaba reunida, temblando alrededor de una mesa, mientras se escuchaban gritos, llantos y fuertes golpes contra las puertas. Rezaban: tal vez les había llegado la última hora. Mientras el ruido de las botas herradas se acercaba a la puerta, el corazón les latía con desespero. Los pequeñitos, inconscientes, miraban llorando a sus padres aterrorizados.

Ahora, helos aquí, se acercan. Pero… ¿qué había sucedido? Habían pasado de largo, sin golpear violentamente la puerta con la culata de los fusiles, como si no la hubieran visto. Minutos eternos con el alma en vilo.

De los pisos superiores llegaba el alboroto, los gritos de los militares y el llanto de los que eran arrojados con violencia desde las azoteas, por las escaleras o empujados para unirse a los otros en la calle. Un tormento que parecía eterno.

Luego, el descenso ruidoso y sufrido de los más reacios y de mujeres y niños empujados en grupo por los militares que pasaban de nuevo frente a su puerta.

El alboroto infernal cesó de repente. Sobrevino un silencio más terrible que todos los ruidos. Seguían temblando alrededor de la mesa, como a la espera…, pero ¿de qué? ¡No podían creer que los hubieran ignorado! Cuando la ansiedad mermó, esperaron contra toda esperanza.

Nadie se había dado cuenta de ellos; los habían ignorado absolutamente, como si no existieran; los militares pasaron dos veces delante de su puerta cerrada, mientras abrieron a golpes y derribaron las otras. Ni siquiera cuando volvieron a bajar, y eran muchos, se percataron de que la puerta estaba cerrada e intacta.

El rastreo fue minucioso y no exceptuó a nadie, puerta tras puerta, en todas las edificaciones. Con el furor de la represalia, los militares habían extremado su natural crueldad.

Seguramente en la búsqueda no podía escapar de su vista una puerta tan grande como las de los antiguos edificios y menos podían dejar de notar todo un apartamento… "Vuestras casas estarán a oscuras. No temáis".

Cuando pudieron llorar estallaron en lágrimas de alegría, en un llanto liberador, pero especialmente agradecido. Entonces, solamente entonces recordaron con claridad la advertencia: "No temáis, vuestras casas estarán a oscuras".

El hecho causó una enorme impresión entre los que conocían la misteriosa y tranquilizadora premonición de pocos días antes. Mil fueron las preguntas de la mayoría y otras tantas la suposiciones. De todos modos, había que excluir la casualidad, que es el refugio de la ignorancia humana cuando no se sabe o no quiere hacérseles frente a los problemas desde un punto de vista superior.

MUCHOS HECHOS Y PREGUNTAS

Los sucesos como el narrado arriba son innumerables.

No existe ningún hombre al cual no le haya sucedido algún acontecimiento fuera de lo ordinario, que no ha sabido explicar, pero que lo ha sacudido profundamente como un llamado a vivir valores más elevados que los banales de cada día.

Especialmente en las épocas de las epidemias, las guerras y los cataclismos abundan estos hechos: son llamados de atención.

Para el que sabe entender, estas experiencias marcan frecuentemente una nueva dirección de su vida. Por eso, después de las grandes tribulaciones, los hombres, que ya están maduros para escuchar estas llamadas, son atraídos por los asuntos del espíritu.

Quien no ha tenido estas experiencias, después de haber sido sacudido por los fuertes sentimientos que le despiertan estas narraciones, queda pensativo por algún tiempo. Es como la gota que horada la piedra. Otros, incluidos quienes fingen escepticismo, experimentan estupor y hasta terror, como sucede ante el misterio.

A menudo, con el pasar del tiempo, confluyen otros sentimientos y se despierta el sentido crítico. Surgen entonces preguntas a las cuales no se encuentra respuesta inmediata: quedan adentro y nos atormentan.

Los interrogantes son muchos, se amontonan. Los expondremos, para examinarlos, uno por uno en estas páginas. Son preguntas que el mismo lector se habrá hecho después de la lectura del suceso narrado o en circunstancias análogas. Todos quieren entender.

La aceptación pasiva no sería digna de quien quiere progresar adquiriendo una conciencia creciente de lo que le sucede a él y alrededor suyo.

Las preguntas obvias de cada uno podrían ser:

¿Cómo puede suceder un fenómeno de invisibilidad en cosas materiales?

La protección de esta familia ha sido de veras inexplicable y maravillosa, pero ¿qué decir de todos los demás masacrados?

Si existe el que protege y administra una justicia superior, ¿no estamos todos asistidos y protegidos de manera igual? Se puede dar un tratamiento diferente y privilegiado? ¿Por qué la protección no funcionó para todos los demás?

En el evento narrado, ¿cómo es posible que nadie haya visto la puerta de ese apartamento? ¿Quién hizo la premonición?

Habrá también quien se haga preguntas más tajantes:

¿Existe el Invisible?

¿Existen seres más avanzados que el hombre? ¿Dónde están? ¿Cuál es su tarea? Y entonces, ¿por qué no intervienen siempre en las vicisitudes humanas tan caóticas y producidas a menudo sólo por delincuentes?

¿Por qué no impiden los muchos males y los demasiados dolores del mundo?

Estas y otras preguntas iremos examinándolas en estas páginas. El lector juzgará en la fatiga de la búsqueda y de la narración de los muchos hechos que referimos; sabrá deducir las respuestas que se sugerirán desde el interior.

El Invisible y nosotros

¿Los sentidos físicos son
tal vez el límite de nuestros poderes?

MULFORD, *Los dones del Espíritu.*

Cuando los científicos descifraron la estructura del átomo, comenzó una nueva época para la humanidad. Constataron, asombrados, que el objeto aparentemente más denso estaba hecho de espacios vacíos donde sólo existía el movimiento: se derrumbó un ídolo. Ya no se trataba de materia sino de energía, forma invisible de la potencia escondida del universo. Se descubrió que la materia es apariencia, que el universo es solo dinamismo: es vida. El viejo materialismo recibió un golpe contundente en el aspecto que consideraba "científico".

Si nuestros ojos adquirieran la capacidad de ver la estructura íntima de la materia, aunque solo hasta el nivel de los electrones y protones, todo objeto y toda distancia desaparecerían en un conjunto de puntos que giran alrededor de varios núcleos. Pero más fantástico y maravilloso nos parecería lo que nos rodea, si nuestros sentidos adquirieran la capacidad de ver más allá de su limitada percepción. Veríamos fantasmagorías de colores y escucharíamos sonidos que ningún humano puede soñar. Lo invisible y lo inaudible se volverían realidad, inimaginables aun para los más dotados de fantasía.

La energía puede adoptar formas desconocidas o inconcebibles, más allá o fuera de nuestros esquemas mentales. Existen en el espacio mundos a los cuales no podemos llegar ni siquiera con nuestros telescopios más potentes, y hay niveles de vida que sobrepasan nuestra inteligencia y nuestra capacidad de comprensión: la vida es una escala infinita que no sabemos cómo comienza ni hasta dónde llega.

Aunque la realidad fuese diferente de los conceptos e imaginaciones humanas, no tendría importancia. Lo esencial es saber que eso que nosotros hemos llamado *espíritu*, *chispa divina* o *individualidad*, que constituye nuestra verdadera esencia, puede presentar formas diferentes e inconcebibles para la mente y usar energías superiores a las de nuestras capacidades .

Nosotros mismos, cuando hayamos dejado la forma física actual, seremos solamente ese "quid" porque nosotros somos esencialmente espíritu, chispa divina, que puede presentarse en otras formas y otras materias.

MUNDO VISIBLE Y MUNDO INVISIBLE

Los telescopios más potentes de los grandes observatorios astronómicos le han permitido al ojo humano ver mundos lejanos, apenas perceptibles en distancias inconmensurables. Pero el universo es tan grande que ignoramos el número de las galaxias. Recientemente se ha calculado que la distancia de las más lejanas es de decenas de millones de años luz.

Se pueden encontrar formas de vida que el hombre es incapaz de ver, sentir o imaginar. Negar su existencia es consecuencia de relacionar todo consigo mismo, como lo hacen quienes se quedaron en el sistema tolomeico, es decir los materialistas. Pero esto es sólo una concepción de la vida restringida y miope. ¡Es absurdo pensar que el hombre sea el ser más avanzado y único, en esta escala infinita del universo!

Existen en el espacio sitios donde la evolución ha procedido armoniosamente y se ha logrado un estado de conciencia superior. Desde hace miles de años, otros seres han alcanzado la etapa a la cual llegará el hombre dentro de miles de años.

Los sentidos son los límites que señalan la condición física. No sabemos porque no percibimos nada de esos mundos vastísimos e innumerables que existen más allá de nuestra experiencia. Ante esos mundos enmudecemos sin entender nada, porque trascienden nuestras capacidades ordinarias.

El espectroscopio revela que se nos escapan series inmensas de vibraciones de colores que sobrepasan nuestro campo visual, tanto en el sentido más elevado como en el más bajo de la materia. Tenemos ojos y no vemos, tenemos oídos y no escuchamos. El mundo de los sentidos es una cárcel muy estrecha en la cual estamos encerrados. Así, más allá de los dieciséis mil ciclos por segundo, no logramos percibir ningún sonido: es la zona de los ultrasonidos. El límite de nuestra vista es el color violeta. Más allá existen rayos cuyas radiaciones no son percibidas por el ojo humano, pues no es sensible a éstas.

No percibimos el magnetismo, los rayos cósmicos, la electricidad, las ondas radiotransmisoras, el rayo infrarrojo, la radiactividad, las ondas de la dinamo, los rayos gamma, la irradiación de las plantas, de los animales y de otros seres.

Son muchas las cosas frente a las cuales los sentidos físicos son inoperantes. En los planos más elevados, los sentidos físicos son inútiles pues son sensibles tan solo a una parte restringida del plano físico. Ellos pueden percibir el revestimiento de las cosas pero no la esencia que pertenece a otro plano. Así, no vemos el coraje, no se percibe el valor, la constancia, la inteligencia, el miedo, etcétera.

La naturaleza ha puesto límites providenciales a los sentidos del ser humano, pero también le ha dado facultades a éste para que sus relaciones con todos los niveles de vida no sólo sean posibles sino activas y continuas.

Los sentidos sirven para el mundo limitado en el cual vivimos, mientras que para las relaciones con la vida infinita el hombre posee la potencia de sus facultades superiores. Además de las facultades extrasensoriales que todos poseamos, por lo menos en el mismo nivel, también podemos desarrollar la facultad de intuición. Por medio de la intuición puede ampliarse la propia visión del mundo y llegar hasta donde la percepción sensorial, limitada al mundo material, es insuficiente. En efecto, los mundos invisibles y los materiales que están lejanos, son inalcanzables con los medios comunes.

El ser humano no se limita a los sentidos físicos, que son su aspecto más material y hasta engañoso. Lo que está por fuera del radio de su percepción física puede percibirlo con las facultades superiores, de las cuales la principal es la intuición. Posee facultades que trascienden los sentidos, precisamente para relacionarse con los planos y los mundos que no puede captar con los instrumentos ordinarios de la percepción. Las facultades extrasensoriales se desarrollan cada vez más en las nuevas generaciones, y lo estarán todavía más en la sociedad futura, cuando los hombres sean más evolucionados. Gracias a aquéllas, los límites del mundo serán siempre más amplios, pero también quedarán límites insuperables, que en cada uno estarán determinados por su nivel de evolución espiritual: mundos invisibles, planos a los cuales podría llegarse sólo después de un progreso gradual. Más allá de los límites de cada uno está el misterio y el silencio, zonas mudas, dimensiones desconocidas.

Qué es el "más allá"

La gran mística española, Santa Teresa de Ávila, escribió que el Paraíso es una manera de ser del espíritu más que un lugar. El más allá, para cada uno, es la dimensión que no logra alcanzar porque está por fuera de su radio de acción. No necesariamente es un lugar físico, es una expresión de vida.

Existen planos infinitamente diferentes que van de los más densos a los más sutiles, en una escala de vibraciones y energías que determinan los diversos estados de conciencia relacionados con el grado evolutivo alcanzado. El más allá puede indicar todo lo que existe por fuera de nuestros límites, los mundos que no conocemos, donde la vida, aunque de formas diferentes, es más activa y más refinada que la común en la que vivimos.

La mayor parte de la vida universal se desarrolla en niveles que ninguna facultad humana logra captar. Ni siquiera el ser más evolucionado puede tocar los límites de esa vida infinita porque allá viven seres inmensamente superiores a él. Si los humanos alcanzaran estos niveles, no podrían soportarlos, son niveles superiores a los comunes, que no podemos comprender porque son los mundos del espíritu.

El materialista, para quien el mundo del espíritu es una frontera inalcanzable, encerrado en la cápsula de los sentidos, niega porque no entiende. Más aun: para él es un mundo imposible. Para muchos, el obstáculo para intuir lo constituyen las fijaciones mentales, el uso distorsionado de la razón y la negación preconcebida: obstáculos que son indicadores de inmadurez espiritual.

Lo que el hombre menos evolucionado considera inexistente porque está más allá de su percepción sensorial, son niveles de vida con vibraciones más altas donde la vida es más rica y más intensa; su alma, todavía prisionera, no puede verlos ni sentirlos.

El mundo infinito, dentro del cual se mueve la vida universal, es aquel sobre el cual el poeta escribió: "Para mí es dulce naufragar en este mar".

El que vive en zonas silenciosas

No debe sorprendernos que la ciencia, que ignora tantas cosas del mundo físico, no pueda trascender éste y desconozca todo lo que existe en los mundos más elevados.

Algunas zonas más allá del límite humano pueden alcanzarse, a veces, con ciertos instrumentos o también con la ayuda de facultades extrasensoriales. Esto puede suceder cuando se trata de lugares físicos o de formas de ser que todavía tienen alguna densidad material, pero no cuando se trata de mundos, niveles y maneras de ser del espíritu absolutamente inalcanzables para el que vive en la dimensión humana. Y, entonces, ¿qué medios tendríamos para estudiarlos? Los verdaderos científicos lo saben y con humildad admiten sus propias limitaciones. Solamente algunos eruditos sabihondos, repetidores de conocimientos científicos, los niegan.

No son verdaderos científicos, ofrecen su escepticismo y su aversión natural al mundo espiritual y se cubren infantilmente con el manto científico para negar otras dimensiones.

Para el ser humano, las incontables galaxias donde se encuentran millones de estrellas son zonas de silencio. ¿Quién vive en estos mundos?

No se puede pensar con certeza que el ser humano sea el único habitante de los cielos y lo demás sea desierto y silencio.

En los niveles superiores, la vida vibra y se desenvuelve de manera más elevada y armoniosa. Allá quiere detenerse nuestro pensamiento, en esa dimensión más sutil donde la materia se desmaterializa: en la energía.

Todo puede parecer silencio y zona muerta más allá de los límites humanos, para el que no concibe otra forma de vida diferente a la que puede entender. El hombre naturalmente piensa las cosas de acuerdo con su capacidad, pero es necesario reflexionar que no toda la vida puede estar constituida según la condición humana.

Es razonable pensar que pueden existir seres más avanzados en la escala de la vida infinita, y entre éstos aquellos que nos han precedido en el camino, que ya vivieron en la dimensión humana.

Es razonable pensar en dimensiones distantes de la densidad terrenal, en las cuales se desarrolla una vida más intensa, porque tiene vibraciones más altas, mundos y modos de ser y de vida libres de las restricciones humanas, en una libertad conquistada por una evolución más avanzada, seres poseedores de las mejores facultades en alto nivel.

LA AYUDA MUTUA EN LA UNIDAD DE LA NATURALEZA

El ser humano forma parte de un conjunto muy amplio de seres, está unido a otros con los cuales tiene en común el origen y la naturaleza. No es autosuficiente: necesita, como las plantas, extraer su propia energía del Sol, del suelo, de cada elemento que le ayuda a vivir. Como no está en la cima de la evolución, necesita la ayuda de otros seres más elevados que han recorrido antes el camino que está recorriendo.

Aislado no podría progresar; más aun: ni siquiera podría resistir por mucho tiempo sin retroceder a las fuerzas que se le oponen. En el intercambio recíproco con el todo, él da y recibe. Ésta es la esencia misma de la vida. El intercambio es una necesidad vital, de la cual nadie puede prescindir.

Cuando el canal de intercambio se rompe, se detienen todas las forma de vida ya que no fluye la linfa que las alimenta y que une todas las cosas existentes.

En la naturaleza no hay compartimentos cerrados, zonas aisladas, sino que existe la comunicación invisible que en la unidad de la naturaleza conecta todo para el paso de este fluido vital.

La ley del amor es la que realiza esta acción. Conocida solamente por pocos en el pasado, fue difundida a todos por Jesús en el fin de los tiempos.

El mundo del ser humano no está, por tanto, separado ni aislado de los otros. Existen seguramente canales intermediarios que pueden realizar el contacto y la comunión.

El ser humano mismo, cuando ha alcanzado cierto grado de elevación, con sus facultades más desarrolladas puede ser el intermediario, especialmente en momentos de gracia.

EL INVISIBLE TE ACOMPAÑA, GUÍA Y AYUDA

Los guías espirituales son los instrumentos de asistencia y ayuda de los humanos. Ellos tienen experiencia de vida en los caminos del mundo que han recorrido, como nosotros, bajo la apariencia de la personalidad.

Conocen bien a quienes guían porque, generalmente, son entes a los cuales estamos ligados de alguna manera: a menudo se trata de seres desencarnados con los cuales hemos compartido en el pasado alguna existencia. Poseen, por tanto, todos los elementos para dar la mejor ayuda. Están comprometidos en esta actividad buena y son la guía en la evolución de la humanidad.

En realidad, el hombre nunca está solo. La Divinidad que está en él y fuera de él, lo acompaña, lo ayuda, lo inspira, aun con la presencia de leyes en las cosas mismas. Si nadie es olvidado, el hombre está particularmente conectado porque tiene la capacidad de llegar al nivel de la conciencia, donde conoce el grandioso fenómeno de la vida en la cual está sumergido como un pez en el agua. Éste es el milagro del amor que tanto se nos dificulta comprender y poner en práctica.

Los guías espirituales obran desde su nivel cuando se requiere, para nuestro bien. En los momentos difíciles necesitamos ayuda. Entonces, quien se encuentra en disposición de escuchar puede oír la voz auxiliadora.

LOS GLOBOS LUMINOSOS

En las tristes vicisitudes que atravesó Italia entre 1940 y 1944, por circunstancias imprevistas y complejas, me encontré entre aquellos que estaban fuera de la ley en ese momento.

En octubre de 1943 era un oficial llamado al servicio. Pero antes que participar en la lucha de bandas rebeldes, preferí enfrentar solo las muchas incomodidades que podían derivarse de mi decisión de no seguir el oscuro destino hacia el norte, que sentía profundamente repugnante. Después de algunos sucesos que no valen la pena destacar ahora, tuve que refugiarme en la montaña para evitar mi captura, organizada de improviso. Estaba en la zona de Vicovano, en las cercanías de Roma.

Una de las mañanas más dramáticas de mi existencia, después de ser perseguido por valles y montes, me escondí detrás de un seto, mientras las ametralladoras disparaban sobre mí para desencuevar al que no quisiera rendirse. Estaba resuelto a moverme solamente en caso de resultar herido.

Después de una larga jornada, hacia el atardecer, cesaron los disparos y cuando llegó la noche el silencio fue total. Pensé que los soldados alemanes se habían retirado de la colina desde donde dominaban o que por lo menos estaban dormidos por el cansancio. De todos modos tenía que aprovechar el momento para alejarme de su radio de acción, hacia lo más alto de la montaña, donde ellos no se atreverían sabiendo que había "partisanos" armados, no indefensos como nosotros. Estaba decidido a no ceder por ningún motivo, y me levanté, pero volví a caer porque las piernas no me sostenían a causa de una larga inmovilidad de casi veinte horas. Después de un penoso caminar en la oscuridad, a tientas, entre continuos peligros, resbalones o choques con setos llenos de espinas, estaba tenso y agotado, no sabía dónde me encontraba. Podría estar avanzando exactamente al encuentro de aquellos que quería evitar.

De repente vi a pocos metros de mis ojos, un globo luminoso. Pensé inmediatamente en los ojos de una lechuza o de otro pájaro nocturno, pero esto era imposible porque el globo tenía unos treinta centímetros de diámetro. Pensé tantas cosas… de pronto los globos se volvieron dos, luego tres, cuatro, luego más, tal vez diez, doce o más y formaron como una cadena.

Pensé que por no haber comido durante más de un día, estaba fuera de mí. Me senté a contemplar la escena: una cadena de globos luminosos que bajaban de lo alto, penetraban en la tierra, luego otros volvían a subir y volvían a bajar como para encontrarse en una misteriosa reunión. Se oían unas voces confusas. Había una tranquilidad sobrehumana en la noche y una voces como si los globos hablaran.

Era algo suprarreal, me encontraba ante una escena fantasmagórica, jamás imaginada. No sé cuánto duró el espectáculo. Me encontraba tentado a mirar, a escuchar, sin entender. Descansaba de la horrible tensión, hasta que con la llegada de la claridad de la aurora, la visión desapareció.

Entonces me di cuenta de que estaba frente a un caserío que desde niño había escuchado que era habitado por los espíritus. Finalmente sabía dónde me encontraba. Me bastaba esto porque tenía que evitar encontrarme con un "rastreo", como se llamaban las despiadadas "redadas" de hombres que acostumbraban realizar los alemanes.

Cuando el cielo empezaba a clarear, en esa madrugada del 25 de octubre de 1943, continué mi camino entre espinas, descensos llenas de piedras y subidas empinadas, pasé cerca de unos pozos descubiertos que entonces no vi, pero que descubrí horrorizado al volver algunos años después. No había caído en ninguno de ellos.

Había pasado entre tantos peligros en la oscuridad de esa noche. El Protector Invisible ciertamente me había guiado y, más aún, había querido hacerme notar su presencia.

Llegué al lugar donde debía quedarme por un mes: y un campesino que encontré me dijo que estaban haciendo un "rastreo" en el pueblo cercano de Roccagiovine. Yo habría caído en la redada si no me hubiera encontrado con aquellos globos providenciales que me detuvieron con el espectáculo misterioso.

En ese entonces, yo no creía en las cosas del espíritu. Pensaba que los hechos de la existencia dependían solamente de la voluntad humana. No pensaba que una voluntad superior gobierna la vida infinita y nuestra pequeña voluntad puede obrar dentro de ella, en aquello que se le permite.

Después de un mes de enormes dificultades dentro de una gruta, y luego en una cabaña, entre la humedad, el frío, el miedo, a menudo el ayuno y el insomnio, regresé a Roma y conté la aventura de los globos luminosos.

Algunos amigos me dijeron que habían sido los espíritus que me habían guiado. Me invitaron en seguida a participar en unas reuniones: mis antiguas creencias fueron sacudidas, y luego se derrumbaron del todo ante hechos y fenómenos que no referiré ahora.

Fue así como empezó un período nuevo en mi vida, alejado de las cosas efímeras.

Una conexión saludable

Los grandes espíritus del pasado vigilan nuestro plan de vida, están con nosotros; podemos establecer con ellos un contacto consciente, basta que alejemos el pensamiento de las cosas banales de la existencia cotidiana, que nos amarran a las mezquindades materiales, y nos dirijamos a ellos.

Ésta puede ser una comunión de espíritus, válida y posible para todos, mediante la oración y la invocación. Pero es posible también una comunicación más sensible. Esta posibilidad es general, en medio de las limitaciones ordenadas por una ley superior, y en condiciones particulares, la primera de las cuales es la ausencia del egoísmo.

Naturalmente, las maneras y reglas deben conocerse para no incurrir en daños graves a causa de relaciones con seres indeseables. ¿Y quién quisiera, aun entre los humanos, establecer relaciones con personas deshonestas, tramposas o degeneradas? Quienes están acostumbrados a juzgar las cosas por su peor aspecto, por el abuso, y por la deformación de parte de los hombres, cuando se habla de comunicaciones con el más allá, miran de inmediato los problemas que se derivan del contacto con espíritus malvados.

Pero el contacto que aquí se destaca es con los grandes espíritus, con aquellos que han alcanzado el nivel para ser nuestros Maestros, conexión saludable que es una verdadera fuente de energías espirituales.Ellos son los intermediarios con la fuente misma de la vida y les dan a los seres humanos enseñanzas de amor y de bondad que tanto necesitan.

Los mensajes de las comunicaciones espirituales del más alto nivel, que se encuentran en algunos libros, son fuentes de enseñanzas, de indicaciones y de consejos que hay que tomar como mandamientos para una vida mejor.

LA CONEXIÓN CON EL INVISIBLE ES NUESTRA FUERZA

El Invisible es la otra orilla, más allá de los confines de la vida humana: un mundo formado por seres superiores, gracias a sus mayores conocimientos y poderes, que están en continua relación con los hombres, aunque desde el nivel humano no siempre se tiene conciencia de ello. Sentir la presencia de una potencia invisible que nos protege es un privilegio de las personas más sensibles.

Somos llevados naturalmente a pensar en Seres inmensamente más evolucionados que el hombre que viven en otra dimensión, a darles formas y maneras de existencia de acuerdo con las experiencias humanas, aun cuando esto no corresponde a esa realidad de orden diferente. El hombre solo puede saber eso por intuición o por revelación, en el lenguaje que es capaz de entender.

Esta visión espiritual del Invisible es saludable para el hombre que vive en lucha con los pesados estímulos de la naturaleza que tienden a llevarlo hacia abajo. La visión materialista es una visión miope y superficial del que no sabe mirar más allá del acaecer inmediato.

Desde los mundos invisibles se le tiende al hombre una mano para subir. De su parte tiene que hacer por lo menos el pequeño esfuerzo de tender la suya, agudizar su oído y su vista. Esta conexión se realiza volviendo más a menudo el pensamiento a esos niveles de vida y a esos mundos de los cuales puede esperarse ayuda y asistencia en el camino terrenal. La oración, que no es sólo pedir, como se acostumbra pensar, sino un coloquio con los seres más evolucionados, es seguramente la forma más saludable de conexión.

Quien dice que la oración no es necesaria porque Dios conoce nuestras necesidades, es la objeción del que mira un solo aspecto del problema. Dirigir el pensamiento al Invisible, rezar, ponerse en sintonía con Él e invocar, no es sólo templar la energía propia, sino reforzarla y potenciarla. La participación de los dos polos se necesita en toda obra creativa.

Nosotros invocamos con amor los grandes espíritus, aun aquellos que han vivido sobre la tierra con nombres conocidos, aunque estén ahora con otra forma, tal vez con otro nombre y en otra luz. Los grandes espíritus son nuestros guías en comunión con todo lo que existe. Los contemplamos y somos felices en la comunión con ellos. Que nuestro pensamiento se dirija constantemente a los grandes espíritus. La conexión con ellos es nuestra fuerza. Y es también nuestra alegría más pura porque sabemos que estamos conectados a fuentes de luz de las cuales podemos tomar energía para nuestro progreso y vida.

Cómo se manifiesta
la protección invisible

Los milagros de Lourdes, como los que han sucedido durante siglos en todas las religiones, han cambiado la vida de muchos hombres; para otros, ha sido solamente una curiosidad sin importancia. Hay que estar dispuesto a escuchar para comprender. Ningún milagro vale para el que no ve o no entiende.

Jehová se manifestaba entre truenos y relámpagos para hacerse escuchar de hombres de cabeza dura.

Una flor que nace en el barro y se muestra en la maravilla de sus colores y en el misterio de su perfume es el milagro que pocos saben entender.

Los anales de los institutos de investigaciones psíquicas, de parapsicología y de metafísica, abundan en fenómenos casi siempre incomprendidos por quienes se pierden en el análisis del cómo sin preguntarse nunca y sin entender nada del porqué de estos acontecimientos que son manifestaciones de niveles invisibles. Éstos deberían servir para despertar al hombre a realidades mayores.

Los hechos muestran cómo el hombre es asistido por un mundo más evolucionado que interviene con sus conocimientos y capacidades superiores, cuando es necesario, pero debe apreciarse en su realidad con disposición abierta.

A ninguna conclusión llegan, naturalmente, quienes movidos de prejuicios y de prevenciones, se cierran el propio camino hacia la verdad.

Así le ocurre también a una parapsicología que no concluye, que se agita en el vacío removiendo siempre las mismas aguas cada vez más turbias.

QUIEN TIENE OÍDOS PARA OÍR

Aquellos que desde los niveles más elevados guían y ayudan a los hombres en los quehaceres diarios, se sirven de aquellos a quienes nosotros encontramos por los caminos del mundo, que frecuentemente no conocemos o no reconocemos. Ellos inspiran al que está con nosotros y a cualquier otro con el cual hacemos contacto.

El mensaje del Invisible pasa por mil canales, se manifiesta de maneras impensadas y de modos que cada uno pueda entender según sus capacidades. Por esto, cada uno debe afinar su sensibilidad para distinguir esta voz.

Georges Barbarin, en el libro *La Clé*, escribiendo sobre los medios y las circunstancias de las cuales Dios se sirve para ayudarles a los hombres, y de aquello que no comprendemos, cuenta que un incrédulo que se encontraba extraviado en una llanura, y cegado por los altos pastizales, no sabía cómo salir de allí. Después de varias horas de esfuerzos inútiles, resolvió invocar la ayuda divina: "Si Dios existe —dijo— ¡que se manifieste! y que me ayude a encontrar mi camino". Apenas había acabado de decir estas palabras cuando el pastal se abrió y apareció ante su mirada un indio. El extraviado se dirigió a él y el hombre rojizo lo guió a la aldea más cercana.

Cuando el incrédulo recordaba su aventura, tenía la costumbre de decir: "Había pedido la ayuda de Dios pero solo vino un indio".

Existen inteligencias similares, que no entienden nada de las manifestaciones del Invisible y esperan para cada acontecimiento la aparición en persona de quién sabe qué divinidad; y existen también muchos hombres que, aunque estén rodeados y sumergidos en las leyes, niegan la existencia de una mente infinita y de una ley superior. Son cosas que les suceden a aquellos cuya alma todavía no está abierta a la comprensión.

Toda la Naturaleza es una manifestación del Invisible, pero el hombre pasa cerca de la verdad sin verla. Se da cuenta solamente cuando está maduro para ella.

Por esto suceden tantas cosas que para algunos son resplandores de luz que iluminan mientras otros permanecen absolutamente indiferentes. Todo habla de Dios y es manifestación de Él. El Invisible está en nosotros y cerca de nosotros, pero entenderlo es tarea de cada uno. No todos pueden comprender una voz porque la capacidad de escuchar está unida al desarrollo de los órganos adecuados.

Francisco de Asís amonestaba al lobo y les hablaba a los peces y a los pájaros, y él les entendía su lenguaje. Hay quien permanece indiferente ante el espectáculo de un cielo lleno de estrellas, ante la inmensidad del mar y frente al misterio de la muerte. Quienes están cerrados a cualquier voz que no sea la de los llamados materiales, solo entienden la fuerte voz del dolor, y a veces ni siquiera ésta.

Pero hay también quien tiene afinados sus órganos para contactar los niveles más elevados. Se dice que no hay mejor argumento que los hechos, que ellos valen más que cualquier teoría y argumentación porque la experiencia vale más.

Sin embargo, hay hombres, verdaderas "puertas cerradas", especializados en distorsionar las interpretaciones, para los cuales solamente el dolor puede hacer caer las cerraduras que trancan puertas y ventanas desde el interior.

La luz no puede entrar. El dolor es entonces el amigo que ayuda y el Protector Invisible se vale de ello porque es el único que puede obrar.

El Invisible nos habla en cada momento: nos corresponde a nosotros comprender su lenguaje. Pero son todavía demasiados los que están en la imposibilidad de entender. Todos los seres colaboran con la Providencia, en el sentido de que dan y reciben, aun sin darse cuenta son instrumentos activos o pasivos, movidos también por entidades superiores, en la unidad del todo.

UNA VOZ QUE SALVA

Así como la ciencia enseña que existen cosas invisibles e inaudibles, más allá de nuestras posibilidades perceptivas, muchos sucesos, conocidos y aceptados universalmente, han documentado la existencia de inteligencias superiores que en todos los tiempos se le han manifestado a la humanidad de mil maneras. Son hechos reales y concretos, históricamente comprobados, aun cuando la visión miope pretende torcer la interpretación.

Una protección excepcional experimentó el escultor de Siena Giovanni Dupré (1817 - 1882), contada por él mismo, en su *Autobiografía*: Dupré y su mujer, en un carruaje tomado en alquiler, salen para un pueblecito de la Rufina donde tenían una niña bajo el cuidado de una nodriza, quien los llama preocupada por las condiciones de salud de la niña.

El camino desde Pontassieve "asciende por una cuesta a un bosque en parte cubierto de castaños, y en parte desierta y pedregosa. El camino da vueltas alrededor de la montaña y en varios puntos es tan estrecho que a duras penas puede pasar un carruaje... Como Dios quiso llegamos. La niña estaba muy enferma, y no mostraba ya alguna esperanza de poder curarse; permanecimos allá un día y una noche, y ordenado lo conveniente para el caso, seguro de la muerte de ese angelito, hice salir a la mamá en lágrimas, que no quería alejarse de allí. Como dije, el camino era angosto y en la bajada a la derecha estaba la cima de la montaña, y a la izquierda casi a plomo y muy profundo un riachuelo. El caballo iba con un trotecito prudente tanto por la facilidad de la bajada, como por la seguridad de que el caballo sentía a causa del freno que les había colocado a las ruedas.

Mi mujer con los ojos empapados decía no sé que palabras sugeridas por la esperanza de que la niña sanara; el cielo estaba muy claro y el sol se había asomado hacía poco; no se veía a nadie en el monte, ni en ninguna otra parte; de pronto se oyó una voz que dijo: 'Parad'. La voz podía venir desde el monte; mi mujer y yo volteamos a mirar por ese lado y detuve un poco el caballo, pero de nuevo la voz, más fuerte, dijo así: 'Parad, parad'. Retuve las riendas y paré: esta vez mi mujer, después de haber mirado sin ver a nadie, sintió miedo. 'Ánimo, vamos – dije–, ¿de qué tienes miedo? Mira, no hay nadie y por tanto nadie puede hacernos daño'. Y para romper esa especie de susto que yo también sentía, le di un fuerte latigazo al caballo pero apenas se movió.

Oímos claramente y más fuerte la misma voz que gritó por tres veces: 'Parad, parad, parad'. Paré y sin saber qué hacer ni qué pensar, ayudé a mi mujer toda temblorosa a bajar; y cuál fue nuestra sorpresa, nuestro miedo y nuestro agradecimiento por la invitación que nos habían dado para detenernos: el eslabón de la rueda izquierda se había salido; estaba totalmente doblado y estaba a punto de salirse de su perno, y la rueda estaba muy cerca del precipicio. Con toda la fuerza levanté la carreta por ese lado y empujé la rueda a su sitio; retrocedí para ver si encontraba el eslabón, pero no lo encontré. Llamé varias veces a la persona que me había alertado para ayudarme, para darle las gracias, pero no vi a nadie".

La intervención de esa voz, que no se sabe de dónde venía, pero que ciertamente no era la de una persona porque el lugar estaba desierto, lejos de cualquier caserío y de cualquier presencia, fue de veras providencial. Los salvó de una desgracia segura, con consecuencias trágicas.

* * *

¿Quién habló en esa montaña solitaria?

¿Quién podía tener la percepción del peligro inminente?

¿No es lógico pensar que hay seres más evolucionados que están cerca del hombre para guiar su evolución?

En el libro *La voz misteriosa que habla dentro de nosotros* (Ediciones Ubaldini), el autor cuenta muchos sucesos de premoniciones tutelares por medio de una voz que advertía sobre peligros inminentes.

Muchos sucesos luctuosos se han podido evitar porque el Protector Invisible los ha advertido oportunamente.

He aquí otro hecho contado en el libro *Contra corriente*: un *franciscano S.S.* Un joven oficial alemán, Karl Gherion Goldmann, bajo los furiosos bombardeos aliados en Sicilia, durante la última guerra mundial, se encontró en medio de un infierno de estallidos, granadas y cañonazos. Pero una protección invisible, que lo había acompañado durante veinte años, se manifestó improvisadamente como una voz que le decía: "Excava". Lo hizo después de que la voz insistió tres veces. Así lo cuenta él:

"La voz hablaba claramente en alemán. Excavé una fosa y me tendí dentro mirando hacia arriba. Poco después un ruido y luego como una tempestad de truenos: eran los bombarderos aliados. Unos destrozos indescriptibles. Unos días antes, el obispo de Patti me había autorizado para llevarles la comunión a los soldados y a los heridos. Tenía la cajita con las hostias sobre el pecho. Acostado dentro de la fosa, vi los aviones que cruzaban el cielo y entonces preocupado pensé en proteger a Nuestro Señor, es decir a las hostias. Me volteé a gatas, con la cara hacia abajo, y cuando empezaron los estallidos, quedé sepultado casi totalmente bajo tierra y piedras. Perdí el conocimiento. Mucho tiempo después fui sacado: respiraba todavía gracias a la bolsa de aire que se había formado por mi posición encogida. Había querido salvar a Nuestro Señor, y Él me había salvado a mí".

El joven soldado, algún tiempo después, se hizo fraile de la orden de los franciscanos.

En un libro interesante, *La vía mística*, de Maximilien de Merck, diplomático de origen ruso quien tuvo un desempeño importante antes y después de la guerra de 1914, cuenta una serie de protecciones maravillosas que muestran su vida como un modelo de vida protegida.

En cierta ocasión, debía atravesar un trecho de mar minado. La voz misteriosa le dijo que podía hacerlo sin peligro y así fue. En la India fue atacado por una cobra que se le plantó delante de él, erguida sobre la cola hinchada en actitud agresiva. Mientras instintivamente retrocedía, la voz le ordenó detenerse y mirar fijamente a la serpiente. Obedeció y el reptil se detuvo y tranquilizó. Aun al encontrarse en angustias financieras recibió milagrosamente el dinero que necesitaba en la cantidad exacta.

Recuerda siempre: el Padre protege

Cualquiera sea el nombre que a los hombres les guste darle al Protector Invisible cuando los asiste, la ayuda viene siempre de arriba: es el Padre el que ayuda.

En toda circunstancia dolorosa recuerda: "El Padre protege". La función tutelar puede manifestarse de mil maneras y sirviéndose de los innumerables medios de que dispone: desde un llamado hasta un impulso interior que empuja o frena a realizar una acción. A veces es una persona, un encuentro, un hecho o alguna de tantas circunstancias que intervienen en la vida de los hombres. Cuando Benvenuto Cellini se encontraba prisionero en el castillo del Santo Ángel, en condiciones penosas, sobre un colchoncito empapado, solo y abandonado, resolvió quitarse la vida.

Para esto fabricó un arma rudimentaria. Estaba a punto de ejecutar su acto insano cuando se sintió empujado violentamente por una fuerza invencible. Permaneció desmayado durante varias horas sin intervención de los hombres. Cuando volvió en él, abandonó su insensato propósito.

Hay períodos o momentos cruciales en la existencia de todo hombre. Entonces el Protector Invisible está con nosotros, y más todavía si sabemos ponernos en contacto con Él, así sea con un pensamiento sencillo que pide ayuda. No importan las pesadas cadenas de la existencia, ni la magnitud de las cargas, cuando sabemos que no estamos solos para soportarlas. Entonces nos sentimos más fuertes, como el sabio que no se quejaba de sus problemas sino afirmaba su real fortaleza interior diciendo: "Señor, me basta sentir tu compañía".

LAS INTERVENCIONES
DEL PROTECTOR INVISIBLE

Las intervenciones más frecuentes de entidades que protegen suceden en los momentos cruciales de la vida, cuando más se necesitan. Estas páginas atestiguan diferentes aspectos de la protección constante ejercida por el Protector Invisible.

Theodore Flournoy (1854 - 1920) cuenta que una señora pasaba por un momento de depresión, y decidió suicidarse. Mientras le daba vueltas en su cabeza a este propósito, oyó de repente las risas de su hijito.

El niño, en ese momento, se encontraba a varios kilómetros de distancia, en casa de la abuela. Por ese hecho tan extraordinario, quedó bloqueada, y desistió su insano propósito.

El mismo Flournoy también cuenta que un comerciante suramericano solía recibir avisos y premoniciones de una voz femenina, que siempre era la misma.

Un día, mientras desayunaba bajo de un árbol con algunos amigos, oyó la voz que le ordenaba huir. Apenas se alejaron, el colosal árbol se derrumbó: se comprobó luego que estaba carcomido por las termitas.

AYUDAS DIRECTAS
E INTERVENCIONES INDIRECTAS

La intervención del Protector Invisible en la vida del hombre puede ser oculta o manifiesta, directa o indirecta. No siempre puede establecerse la dinámica de cada hecho para deducir el carácter o especificar la acción. Pero, ¿de qué serviría ese análisis totalmente humano?

Lo importante es abrir el entendimiento para sentir todo el amor del que es objeto el hombre de parte de quien no deja nunca de cuidarnos. Al Protector Invisible no le es difícil, seguramente, manipular las circunstancias y guiar el enlace de los acontecimientos para alcanzar una finalidad.

Puede servirse también de otras entidades, que forman parte de la jerarquía que guía la evolución de los hombres, o puede intervenir directamente cuando lo exigen las circunstancias.

El amor sabe encontrar todos los medios y sabe valerse de todos sus recursos para lograr sus fines, y solamente el amor guía toda la acción del Protector Invisible.

El que recuerda algún acontecimiento excepcional, un suceso extraordinario, un episodio, o haya escuchado la narración de intervenciones misteriosas, inexplicables, en circunstancias especiales, queda tan sorprendido como ante un misterio: la historia registra hechos como éstos desde los tiempos más remotos.

En el libro *Un arte para vivir, vía secreta a la tranquilidad*, se relata el episodio del tenor Cantella, quien se salvó de un accidente aéreo tan solo porque llegó tarde al aeropuerto de Fiumicino cuando el avión ya había partido. Aquello que en el momento consideró, contrariado, como una adversidad, había sido en cambio la protección providencial que le evitó la muerte, porque el avión se estrelló poco después y fallecieron todos los pasajeros.

En el mismo libro se cuenta también un episodio de la vida de San Agustín, quien era asediado por los tristemente famosos asaltantes de caminos, que lo acechaban cuando viajaba. Un día, una de esas pandillas de asaltantes le montó una emboscada, pero el guía de la comitiva equivocó el camino y el grupo llegó al destino por otro camino. Esta equivocación lo salvó.

Para cada uno existe siempre la intervención providencial en la vida, aunque llegue en el último momento, para que se cumpla solamente lo que corresponde a cada quien. Por esto, quien tiene fe nunca teme, cualquiera sea la situación en la que se encuentre. Y las adversidades miden nuestra fe.

* * *

Muchos hechos en la vida de cada individuo no tienen explicación, son asombrosos: circunstancias que se entrelazan, al parecer, para evitar daños, males o cosas que podrían resultar una tragedia.

Es difícil encontrar a alguien que no recuerde alguna anécdota de este tipo, especialmente quien ha vivido situaciones difíciles. Sin una intervención misteriosa, muchas cosas ni siquiera se habrían podido narrar cuando los acontecimientos tomaron de pronto un giro favorable.

Algunos hechos no se olvidan y quedan grabados por toda la vida. Quien esto escribe ha vivido algunos de ellos y muchas veces ha palpado la intervención providencial. Normalmente ni siquiera nos damos cuenta cuando somos asistidos, defendidos o protegidos.

EL PAJARITO DE COLLALTO

Hace años tuve una experiencia extraordinaria en Collalto Sabino, un pueblecito de montaña, rico en encantadores bosques de castaños, a donde había ido a descansar por unas semanas, mientras trataba de ordenar el libro *Sabiduría de la antigua Grecia*.

Una mañana estaba escribiendo, en un claro en medio del bosque, donde brillaba el sol de julio. La imprudencia de permanecer demasiado tiempo expuesto directamente a los rayos del sol, con la cabeza completamente rasurada, me causó poco después un fuerte dolor de cabeza.

Regresé a mi alcoba y era incapaz de escribir: un dolor desgarrador aumentaba y me incapacitaba para trabajar con la mente. Me acosté y esperé que el dolor pasara. Confiaba en la obra de la naturaleza que sabe sacar admirablemente las más eficientes defensas del organismo.

Pero el dolor, muy agudo e intenso, parecía romperme la cabeza. Sentía también una fiebre muy alta y una confusión mental que me impedía pensar en otra cosa que no fuera la imprudencia cometida.

No sé cuántas horas permanecí en ese estado. Estaba solo y hasta pensé que podía morir, pero el pensamiento del Protector Invisible no me había abandonado. Había dejado abierta la ventana y el panorama de los montes que veía desde la cama era mi compañía. Miraba las montañas, cuando vi aparecer en el alfeizar un pajarito. Luego entró volando y vino a posarse sobre la cama, cerca de mí.

Lo miré asombrado, considerándolo un amigo que había venido a visitarme. Se dejaba coger, lo tenía entre las manos y lo acariciaba. Sentía que en ese montoncito de carne latía fuerte, muy fuerte, un corazoncito.

Se me ocurrió preguntarle el porqué de su venida, y hablarle como a un pequeño amigo. Lo tuve entre las manos bastante tiempo, experimentando un sentimiento parecido al que sentía de niño cuando estrechaba entre las manos pajaritos como éste. Mi pequeño corazón, entonces, latía de alegría. Y recordaba esa imagen lejana.

Navegando entre estas fantasías, y mientras soportaba pacientemente el dolor en compañía de mi pequeño huésped, pareció que las terribles punzadas fueron calmándose. Había leído en *Los dones del Espíritu*, de Prentice Mulford, que los animales absorben de alguna manera lo negativo del hombre. Ellos no reciben ningún daño porque luego lo descargan en las plantas. Es como un circuito natural: hombre, animal, plantas. Por esto se aconseja tener animales domésticos en la casa: ellos obran como una válvula de escape de tanta escoria humana.

Pasaban por mi mente estos recuerdos, mientras gozaba al tener entre mis manos a mi pequeño amigo. ¿El pajarito había venido a ayudarme? Pero, ¿podía afirmarlo con seguridad? Yo sentía que era así. En verdad me sentía mejor: había pasado la confusión de la cabeza y el dolor ya era ligero. Dejé libre al pajarito. Lo puse sobre la sábana. No se alejaba, parecía como tembloroso: estaba libre pero permanecía allí. Se quedó sobre el lecho y estaba como recuperándose de algún *shock*. Me levanté. Lo puse sobre el alfeizar pero todavía parecía inseguro y tembloroso. ¿Tal vez, había absorbido misteriosamente mi tensión? Quería que retornase libre al aire, entre sus compañeros en los bosques, en la campiña, en los montes. Le hablé de esto como si me escuchara. Permaneció todavía unos pocos minutos sobre el alfeizar, luego arrancó a volar hacia la campiña. Lo seguí con la mirada hasta que desapareció de mi vista. Tenía todavía un poco de confusión en la cabeza, pero me había recuperado del terrible trauma: me sentía mucho mejor.

El recuerdo del pajarito de Collalto no se me ha borrado con el tiempo, siempre lo he considerado un mensajero de asistencia, la ayuda que hacía falta en ese momento, un símbolo del intercambio que existe en la naturaleza entre aquellos que se aman.

Cómo se realiza la ayuda

Los medios de los cuales se sirven el Protector Invisible y los guías para ayudar a los hombres dependen de las personas y las circunstancias. A menudo son inspiraciones que llegan de improvisto, que a veces atribuimos a "genialidad"; pensamientos que recogemos como antenas de radio y creemos de nosotros; sugerencias que nos vienen de otros; encuentros con personas o libros en el momento preciso; un hecho; un acontecimiento, circunstancias que creemos casuales.

El hombre que, mediante el teléfono, el telégrafo, o la radio auxilia a náufragos, enfermos y a personas en peligro, está en capacidad de entender que en un nivel más alto, donde no hay ignorancia, egoísmo ni intereses, es más eficiente el mismo principio de amor y de vida que lo motiva, y seguramente más potente. Además, el fin evolutivo que se debe alcanzar, no emotivo ni sentimental, sino el bien verdadero, le proporciona al acto de ayuda del Protector Invisible la potencia de la pureza.

Las formas como se manifiesta el Invisible son tantas que seguramente escapan a la comprensión del más sensible de los hombres, considerando nuestra comprobada limitación.

Es conocido el poder del pensamiento en la realización de la vida: un pensamiento puede hacernos saltar como un resorte o acelerar nuestro paso. Basta un pensamiento pesimista para desanimarnos, volvernos pasivos y a veces hasta enfermarnos, mientras un pensamiento tranquilo nos torna eufóricos y creativos.

La acción de los guías en relación con nosotros se efectúa sobre todo a través del impulso del pensamiento. Todos saben que basta un impulso electrónico para abrir una puerta o encender una luz, aun a distancia.

Algo análogo sucede en la acción de los guías hacia nosotros. La ayuda que pueden darnos para resolver situaciones complicadas, con la inspiración y la proyección de las fuerzas que poseen, es importante. El impulso que proyectan puede dirigirse también hacia aquellos que deben prestar ayuda en los momentos de necesidad. Son ellos quienes en cada ocasión permiten el desarrollo de las circunstancias que producen efectos benéficos.

La tarea del mundo invisible es intervenir donde las fuerzas del individuo no bastan. La protección se realiza por medio de entes cercanos a nosotros que tienen la tarea de administrar el plan divino.

La pérdida de su mamá fue para A.V. un golpe doloroso. Tenía treinta años, pero la separación lo arrojó de improviso a la situación angustiosa de quien se siente solo.

Después del funeral, de regreso a su habitación, ubicada en la plaza del pueblo, fue sacudido por el hecho de encontrar una banda militar que tocaba con alegría casi debajo de su ventana; hombres, mujeres y niños participaban con gozo de esa fiesta. Ese contraste, tan irreverente y cruel, con los demás le hizo ver a todo el mundo como enemigo. Encerrado en su dolor, su situación anímica era tal que quedó terriblemente chocado, como aturdido, y un momento después la rebeldía lo asaltó con violencia y se percató del fusil de cacería colgado en la pared. Estaba a punto de agarrarlo y disparar contra esos "enemigos"; habría sido una masacre. Pero en ese instante, fue bloqueado por una fuerza invisible en el cuerpo y en el pensamiento, y en el momento de querer acometer la matanza quedó como incapaz de moverse y pensar.

Fue una experiencia que jamás olvidó y que le enseñó a comprender a los demás. En las crónicas de este libro, situaciones como la que estuvo a punto de suceder, se reseñan como obras de locos.

Esta experiencia lo hizo reflexionar también sobre las intervenciones misteriosas que a veces son la salvación de una vida que, de otra manera, habría tomado un rumbo diferente.

"A veces, una estupidez basta para determinar la situación de un hombre durante toda la vida", escribió Alejandro Manzoni. Pero esta vez la "estupidez" habría sido muy grave, con consecuencias desastrosas. ¿Y quién detuvo la mano que ya estaba lista? ¿Qué fuerza invisible actuó para bloquear una decisión radical que estaba a punto de tomarse con la rapidez de un relámpago? ¿Dónde estaría ahora el señor A.V. sin esa intervención misteriosa? La locura humana provocaría otra enorme cantidad de problemas, además de los muchos que ya afligen a la humanidad, si no existiera la acción de una asistencia tutelar para cada uno.

A veces nos maravillamos ante la protección de que parecen gozar algunos niños inconscientes que se exponen a los peligros, sin que les suceda nada desagradable. ¿Quién no se ha quedado gratamente sorprendido al ver que se han vuelto propicias ciertas situaciones que parecían comprometidas sin remedio? La explicación del cambio no se comprende de inmediato, pero tal vez fue por una idea repentina, un pensamiento nuevo, un cambio inexplicable de las circunstancias.

La intervención puede haber operado como una sugestión interior en quien obraba. Avisos y advertencias sirven con frecuencia para convencer, nunca para obligar, porque la libertad se le respeta al que debe obrar libremente. Todos nuestros problemas se resuelven en nuestro interior; allí está el "puesto de mando", la central de todo nuestro ser. Solamente allí se actúa para guiar, dirigir, potenciar nuestra vida. Los guías actúan realizando impulsos sobre esa central para ayudarle a todo el que está dispuesto a recibir.

Premoniciones tutelares

En la *Apología de Sócrates*, Jenofonte escribe que su maestro oyó una voz durante toda su vida. Era más segura que cualquier otro presagio, comunicaba sus advertencias aun a los amigos, y jamás le dijo algo inexacto. El espíritu le avisaba con tiempo cuanto estaba por suceder.

Platón y Plutarco también hablan del "demonio" de Sócrates.

Charles Richet llama "premoniciones tutelares" aquellas que se atribuyen a entidades que anuncian lo que va a suceder. Éstas pueden manifestarse por medio de personas, de acontecimientos y, especialmente, a través de los sueños. Los sueños, para el que sabe interpretarlos, son verdaderos oráculos cuyo simbolismo es sorprendente. A veces hablan muy claro para advertir sobre acontecimientos futuros.

Un gigantesco desastre que conmovió al mundo en los primeros decenios del siglo fue el naufragio del Titanic: el gran trasatlántico considerado indestructible porque había sido construido según las indicaciones de la técnica más avanzada. Realizó el viaje inaugural en abril de 1912.

J. Cannon Middleton, diputado al parlamento inglés, separó un puesto algunas semanas antes, pero unos días después tuvo un sueño impresionante: vio que el trasatlántico estaba hundiéndose y alrededor flotaban en la superficie del mar innumerables cabezas humanas que luchaban contra las olas. La noche siguiente se repitió el sueño. El hecho lo impresionó, pero para no preocupar a sus familiares se calló, y ni siquiera siguió el impulso de cancelar la reservación.

Una semana antes de la salida prevista, recibió un cable que lo informaba de algunos negocios, por lo cual se alegró de aquella circunstancia que consideró tan importante como para aplazar el viaje, y canceló su reservación. Solamente entonces le contó a su mujer y a sus amigos el extraño sueño. Pocos días después, el Titanic se hundió a consecuencia de un choque contra un iceberg. Solamente entonces Middleton se dio cuenta plenamente de que su salvación se debía al providencial sueño premonitorio, cuyo relato envió a la sociedad de investigaciones psíquicas.

CIRCUNSTANCIAS
APARENTEMENTE CASUALES

La ayuda puede llegar aun en circunstancias aparentemente casuales que hay que saber entender e interpretar. Una persona de mente abierta no tendrá dificultad para entender, pero a una persona de pensamiento cerrado le costará trabajo entender o no entenderá nada.

El Invisible administra aquello que la ignorancia humana llama "casualidad" moviendo hombres, cosas y circunstancias para sus fines. Champort escribió: "La casualidad es un sobrenombre de la Providencia".

El Invisible necesita colaboradores y los toma dondequiera, sin distingos. La comunicación no es necesariamente directa, sino por un intermediario, a través de sucesos y circunstancias. La casualidad no existe, es el ídolo de los ateos quienes, al no saber atribuirle a un supremo legislador las estupendas leyes que regulan la vida del hombre, lo inventan.

Los modos como puede manifestarse el Protector Invisible son de veras innumerables e inesperados. Algunas circunstancias misteriosas han impedido la realización de hechos criminales, de proyectos agresivos o que, aun sin saberlo, habrían producido efectos desastrosos. Obstáculos imprevistos aparecen o una mano providencial impide los efectos: el arma que se traba, la caída que no produce sus efectos, el fuego que se apaga solo, etcétera. Las leyes físicas funcionan si no se lo impiden las leyes de niveles más altos.

La historia y la crónica están llenas de estas intervenciones, directas o indirectas del Protector Invisible. Basta nombrar el prodigio continuo y diario que sucede en Lourdes, no solo de curaciones milagrosas, sino de los miles de personas sanas y enfermas que se sumergen en esas aguas llenas de gérmenes y miasmas de todas las enfermedades: beben esas aguas sucias y nadie queda contagiado o envenenado. Médicos insignes han afirmado que esto es el milagro diario más grande que ningún galeno sabe explicar.

La fe que mueve montañas tiene sus leyes en los niveles más altos y anula, porque las trasciende, todas las demás leyes. La fe obedece a una ley de vida más alta, en la cual el espíritu puede transformar la materia. La fe verdadera nace solamente cuando nos apropiamos totalmente de la verdad y la convertimos en convicción profunda y viva. Es lo opuesto a la aceptación pasiva. La fe viva se vuelve acción cuando ha impregnado todo el ser; solamente entonces es completa y se convierte en vida.

Un interruptor providencial

Un vidrio roto, una cuerda reventada, la llamada de un amigo que toca a la puerta, fueron los medios y circunstancias por medio de los cuales se salvó la vida del ingeniero G. En un momento de extrema amargura y de confusión, intentó suicidarse, pero misteriosamente el lazo se reventó en el punto menos pensado. Siguió un período todavía más oscuro para su alma. Luego otro intento con el gas. Estaba seguro de que todo se acabaría, y lo había preparado minuciosamente.

Le parecía estar viajando en una dimensión fantástica mientras toda la cocina estaba saturada de gas; nada habría detenido su trágico viaje… pero también en esta ocasión sucedió un hecho inexplicable: el vidrio de la ventana se rompió. Fue una larga noche en una soledad alucinante mientras retornaba de una situación de visiones fantasmagóricas. Parecía condenado a vivir su lastimosa situación. A pesar de los repetidos fracasos, que nadie entiende, estaba dispuesto a acabar con su vida

Volvió a abrir el gas, pero ahora previendo cada detalle y, aún más, con la certeza atroz de que la tragedia afectaría a todos. Al toque del timbre el gas estallaría. Pero también esta vez una intervención misteriosa detuvo el proyecto de un hombre confundido: el timbre no funcionó, tumbaron la puerta, lo recuperaron a tiempo y lo socorrieron cuando su vida estaba a punto de apagarse.

Tres intentos y tres fracasos por circunstancias inexplicables. Una existencia trastornada fue socorrida misteriosamente en los últimos momentos por una mano invisible.

Todavía hoy, cuando su vida ha cambiado totalmente, al contar la triste historia siente una presencia secreta que se manifiesta como una misteriosa corriente. Analizando los sucesos acaecidos tiempo atrás, comprende ahora que la existencia del hombre no es un fenómeno aislado, ni es un producto del azar de los sucesos que lo llevan a ciertos momentos "excelsos" como dice él. Ahora contempla la vida como un cuadro de luces y sombras, unos puntos luminosos y otros oscuros, necesarios para la representación del misterio de la vida.

UN SUEÑO PROVIDENCIAL

Una mañana de primavera de 1944 debía encontrarme a las siete en casa del coronel Di Pietro, en Roma, en la plaza Túscolo, para una reunión de oficiales, dadas las operaciones que estaban desárrollandose en la zona de los Castillos Romanos y de Anzio, donde el coronel Di Pietro era el jefe de la organización clandestina de los oficiales que entonces se llamaban "emboscados": aquellos que no habían de seguir los comandos militares al Norte, en esa Italia dividida entonces en dos partes. Yo me encontraba entre éstos y el peligro de ser aprehendidos, procesados y aun fusilados era permanente.

Estábamos obligados, por esa circunstancia, a camuflarnos. Esa mañana había calculado levantarme a las seis para encontrarme en la plaza Túscolo a la hora acordada; debería caminar con gran cuidado los dos kilómetros aproximados que separaban la plaza de mi residencia, ubicada cerca del Coliseo.

Pero cuando desperté eran las ocho. Fue excepcional, teniendo en cuenta mi puntualidad, especialmente en esa época de ansiedad cuando se dormía poco y con sobresaltos. Estaba contrariado y me molestaba faltar a una cita tan importante.

Corrí al teléfono para comunicar mi contratiempo y el retraso. La señora Di Pietro me contestó desconcertada y presa de un susto evidente me dijo: "Váyase inmediatamente. Vinieron los SS y se llevaron a mi marido". Quedé mudo mientras procuraba ponerme a salvo, pensando que no alcanzaría a traspasar el portón sin encontrarme con la policía o los alemanes.

Afortunadamente, en ese período borrascoso el Protector Invisible manejaba las circunstancias de manera insólita, como ejecutor del karma, para impedir lo que no debía suceder, sirviéndose de un sueño prolongado. Si me hubiera despertado a tiempo, el transcurrir de mi existencia hubiera sido diferente. La operación de la policía se llevó a cabo antes de la reunión de las siete, de modo que no tuvo el efecto que los alemanes esperaban, y los personajes más importantes y conocidos de la política italiana que debían participar en esa reunión, avisados de inmediato, se refugiaron a tiempo en la vecina basílica de San Juan de Letrán, donde se refugiaron hasta la llegada de las tropas aliadas, pocos meses después.

LOS ENTES QUE BAJAN A LA TIERRA

Muchos de quienes escucharon la advertencia "no temáis, vuestras casas estarán a oscuras", recibieron esta enseñanza:

"Las entidades que cada día bajan a la Tierra, ejecutan su tarea de infinitas maneras. Hay grandes masas solares que se desprenden de su centro, siguen las vías astrales, tocan la Tierra, invaden nuestro planeta y se comunican con nosotros a través de la ley y la voluntad del Padre, pero con las fuerzas invisibles de su transparencia.

Son tantas las manifestaciones que, si pudiéramos detenernos para observarlas, cada día tendríamos motivo de mayor fe, porque son muchas las pruebas y los ejemplos. Seres luminosos y astrales, pequeños y sencillos, sirven al Señor del modo más sencillo, esto es, mediante la ayuda de un hermano para con otro hermano.

Ustedes deberían sentir estas vibraciones y estas manifestaciones. Ellas no son algo inusual, actúan desde hace miles de años sobre la Tierra, entre ustedes y en sus grupos, en las calles y en el trabajo, en todo lo que les pertenece, en el espacio y en la Tierra. Son masas de luz divididas en muchas categorías que actúan colectiva e individualmente, de acuerdo con la zona de sus operaciones y manifestaciones.

A veces adoptan alguna forma en la actividad, en el progreso, en la asistencia o en la salvación; en aquello que ustedes, ordinariamente, llaman milagro y casualidad.

Todas estas formas colaboran con las criaturas que creen y con aquellas que ven pero rechazan, porque el amor es universal.

Déjense guiar por estas actividades más allá de las cuales está su guía, el guía individual de cada ser, porque el ser en sí mismo está individualizado y clasificado. Y cuando estas entidades en masa han cumplido su tarea, vuelven una y otra vez según a la división y subdivisión de su trabajo. Así ellos cambian y enseñan a cambiar.

Esta metamorfosis de luz, que se transforma en fuerza astral voluntariamente por amor a los hombres, a veces lleva a los seres humanos a ejecutar acciones de las cuales ustedes dicen: 'No me di cuenta de este gesto, no pensé en esto, estaba fuera de mi voluntad'. A cada uno de ustedes les ha sucedido muchas veces durante su existencia; a veces se han dado cuenta, otras veces no, pero todos han sido guiados por estas fuerzas astrales, invisibles pero presentes, que obran, deteniendo o impulsando un gesto u otro que en ustedes todavía era incertidumbre.

Así pues, mayor entrega y más fe, mayor entrega y más seguridad. Ustedes deben renovar cada día, de manera especial, este sentimiento de agradecimiento a las fuerzas que nos iluminan, nos ayudan, nos levantan y nos preceden.

Y cuando estas fuerzas astrales, el movimiento del tránsito hacia el más allá, los toca en su hora exacta ceden el puesto a su guía personal individual. Y él, que ya conoce la cantidad de criaturas que han colaborado en la obra, nos toma —espíritus ya transcendidos— y nos conduce, literalmente, en medio de estas masas luminosas; ésta es la primera purificación de la materia hacia la astralidad.

Estos entes recuerdan y ven. El guía conduce a lo alto, al primer escalón, luego al despertar, después a la síntesis y luego arriba, a lo alto, al Padre. Estas fuerzas cuando descienden tienen tareas magníficas y sencillas, pequeñas, misteriosas, escondidas, secretas, nunca oscuras, para penetrar donde se encuentren la oscuridad, el mal, la materia, la miseria humana.

Y sucede entonces que en ambientes donde reside más el mal, repentinamente una u otra de esas criaturas experimenta un recuerdo agradable, de nostalgia, remordimiento, añoranza o de vergüenza; es que el ente pasó a saludarlas y dejó la primera gota de luz. Y ésta es una obra de la voluntad del padre, por amor de los hombres. Los entes que se manifiestan alrededor de ustedes tienen su circuito de luz que se eleva y desciende de acuerdo con la mentalidad de ustedes. Es un circuito oscilante que tiene dos polos, negativo y positivo, en un mismo organismo y en el espíritu de ustedes, según cuánto dan ustedes de positivo o negativo.

Cuando ustedes emanan la parte negativa, este circuito se introduce en ustedes y los ayuda a disminuir esa emanación que es muy dañina para toda la comunidad.

Cuando están en actividad espiritual, el otro polo de luz aumenta y multiplica, como grandes ondas, esta efusión de luz, para que la humanidad obtenga beneficio de ello.

Pidan siempre ayuda a estos entes, porque, comoquiera que obren, ellos tendrán el medio y el poder de neutralizar lo negativo y multiplicar el bien.

Siempre obtendrán ayuda, cuando pidan y cuando no pidan. Lo importante es que permanezcan abiertos a estas energías, confiando en ello; no deben ser indiferentes, porque la indiferencia cierra la posibilidad del circuito y entonces estarán completamente solos, muy cansados y sin energía.

Sean nuevos, y en lo nuevo, ¡aprendan a estar gozosos!".

La protección
del yo espiritual

Buscad poneros en sintonía con el activo Guía interior;
la voz divina puede resolver cualquier dilema de la vida.

YOGANANDA, *Autobiografía de un yogui.*

La máxima protección es la comunión con Dios. Pero Dios está en cada uno de nosotros. Nosotros somos la chispa divina, aunque revestida con la máscara de la personalidad y de tantas escorias de las cuales deberíamos liberarnos.

El ser humano tiene en él mismo todas las protecciones que busca fuera de sí. Se afana de mil maneras por buscar su seguridad, y no sabe que la Divinidad, que está en él, le da la protección más amplia y la verdadera asistencia, si cumple determinadas condiciones.

Según una representación de Platón, el yo espiritual es el cochero que guía el caballo (la psique, el alma) y el carruaje (el cuerpo). Éstos le obedecen, aunque a veces parezca que toman el mando. Pero, entonces, las desarmonías que han producido con su actuación parecen como un contragolpe.

La presencia divina en el hombre es el verdadero guía, el yo espiritual es el primer Protector Invisible. En su viaje por los caminos del mundo, la chispa divina cuida y protege los vehículos con los cuales se reviste.

El hombre no es lo que se ve en apariencia, sino aquello que está dentro.

Las distorsiones de algunas seudofilosofías han tergiversado la visión de la vida, negando los valores verdaderos. Así, por ejemplo, la miopía del materialismo pone al hombre como el motivo de la existencia, pero él no es la meta sino el caminante que va hacia la meta. Él viaja cargando dentro de sí un tesoro de inestimable valor que muchos no saben que poseen: el yo espiritual.

Quien no distingue entre el yo de la personalidad y el verdadero yo, confunde el instrumento con la persona que lo usa y anula sus propias posibilidades, porque desciende al nivel más bajo de la vida. La personalidad es tan solo el mecanismo que usa el verdadero yo.

Cada uno debe elevarse a los niveles más altos de su ser para manifestar su verdadera grandeza, que deriva de las capacidades creativas que están en el hombre como una emanación de Dios, mientras todas las miserias proceden de la naturaleza animal que también posee dentro.

El verdadero yo es el guardián silencioso, el vigilante que asiste, protege y ayuda al yo de la personalidad durante su manifestación. Es el director, que se sirve también de otros para su acción. Nosotros somos tan solo Aquel: todo lo demás se perderá en el viaje por las vías de los mundos.

LA DIMENSIÓN HUMANA

Quien cree ser solamente su propio cuerpo, se reduce por sí solo a una estrecha escala de la vida: la animal. El concepto zoológico de la existencia es propio del que no sabe mirar más allá de las cosas aparentes, quien tiene una visión miope de la vida.

Lo que se puede comprobar con los sentidos es tan solo una parte de la dimensión humana. Mucho más amplio es el mundo de la experiencia interior para el que ha llegado a tomar conciencia de ello.

Por esto, a diferencia de las verdades externas, científicas, que pueden ser descubiertas también por otros, las verdades de orden superior deben siempre ser encontradas por cada uno y conquistadas con el propio esfuerzo, que es a menudo un doloroso trabajo.

El que creyese que la ciencia puede explicarlo todo, estaría en un error evidente porque la ciencia puede limitar su investigación a la experiencia de los cinco sentidos, mientras el hombre tiene dimensiones infinitas. Y la ciencia considera ésta la parte menos elevada, la menos indicada para calificar al hombre. Pero el hombre no podrá realizar su viaje si ignora su verdadera naturaleza, escondida bajo las apariencias de las miserias humanas, y permaneciendo prisionero de los despojos animales, tiene que buscar la salida para realizar su verdadera esencia.

Nuestra verdadera dimensión no está limitada por el cuerpo físico, que es tan solo su habitación temporal. Ni siquiera es el de la psique y de la razón, que sin embargo marca un nivel elevado, propio de la condición humana.

El hombre real no es la personalidad que se ve, tal como aparece a los ojos y a los sentidos, sino lo que se encuentra detrás de la máscara: el espíritu. El verdadero hombre es el yo espiritual que posee una dimensión infinita porque es una chispa de la Divinidad.

Los antiguos, para actuar en el teatro, usaban la máscara. Detrás del personaje representado estaba el hombre real que, de ser necesario, representaba a otros personajes. La analogía es perfecta. Cuando el yo espiritual inicia su viaje por las vías de los mundos (naturalmente este es un lenguaje figurado) necesita ponerse la máscara de la personalidad que debe representar. La personalidad cambia cada vez, y en cada existencia se perfecciona siempre más y adquiere capacidades nuevas.

El espíritu del hombre trasciende el mundo físico. Por eso la ciencia no puede explicar completamente al hombre, y se evidencia la ingenuidad de aquellos que le piden lo que ella no puede dar. La ciencia puede ser la plataforma de lanzamiento desde el cual el científico, que es también intuitivo, parte hacia la conquista más elevada, la de lo invisible y lo inaudible, que percibe detrás de la apariencia de las cosas sensibles.

* * *

En el hombre se concentran las maravillas de la vida universal. Él vive al mismo tiempo en tres niveles: físico, psíquico y espiritual. Es un espíritu que tiene como instrumento el pensamiento que elimina los límites de su prisión física. Es espíritu revestido de alma, y ésta, prisionera de la tierra, transformada, que él llama carne, cuerpo físico. En el ser humano los mundos se entrelazan: no hay límite de espacio o de tiempo, aun viviendo en el espacio y en el tiempo. Es un prisionero, pero dotado de esa libertad que puede conquistar y ampliar evolucionando. Cada hombre vive en el nivel evolutivo alcanzado; así existe el esclavo de los sentidos y el que los ha trascendido.

EL YO PERSONAL

Aunque sea el último en jerarquía, el pequeño yo de la personalidad tiene su importancia, a pesar de los pocos años de la existencia humana: es un instrumento que debe estar sano y eficiente para servir mejor.

No es un fin sino un medio, y por esto debe, naturalmente, preservarse y cuidarse. El yo de la personalidad se relaciona con todo lo que constituye la vida física, el edificio maravilloso pero pasajero que es el cuerpo y sirve para actuar en la vida humana; abarca también nuestros sentimientos que tienen una tarea muy importante en la existencia; se extiende a toda la actividad mental, la que confundimos a menudo con nuestro ser verdadero; incluye todo lo que se refiere al nombre, al prestigio, a los títulos, a lo que nos pertenece.

Aquel que se identificase con el yo de la personalidad, incurrirá en un grave error que causará muchos problemas y desilusiones en su propia existencia.

De aquí el empeño de distinguir lo efímero de lo duradero, para evitar perjudicarnos como le sucede al que camina sin discernir.

En las relaciones humanas, evitar aquellos que se consideran sólo "personalidad" es ahorrarse conflictos, desilusiones y, sobre todo, pugnas y batallas.

Si los encuentros de los seres humanos fueran de espíritu y de alma y no de máscaras, como sucede con las personalidades, la sociedad se transformaría en el Edén soñado donde viven los espíritus, en la tranquilidad de la luz espiritual.

El yo de la personalidad dura unos pocos años; es tan solo la máscara momentánea que esconde el yo superior del alma, que a su turno esconde el yo espiritual, la verdadera realidad humana.

Nuestra verdadera realidad

Yo es una palabra que el hombre utiliza con frecuencia, pero ¿a qué se refiere? ¿Por qué no discernir si es el yo efímero de la personalidad o más bien el yo superior del alma, el verdadero yo espiritual, chispa divina, la única verdadera realidad que es emanación de la luz que mueve toda la vida?

La chispa nunca está ni podrá estar aislada de su origen, aunque en apariencia sufra las condiciones de la separación y del aislamiento. En esto consiste el sufrimiento que acompaña al hombre en su viaje.

El vínculo de amor que une a todos los seres en la vida infinita, además de su origen, conecta también la chispa divina de todos los humanos y de todos los seres vivientes.

En esta comunión nos sentimos unidos a todas las cosas. Como la luz infinita gobierna la vida universal, la chispa divina gobierna al ser humano en su viaje. Sentirse uno con todas las cosas es una de las más altas realizaciones del hombre.

La chispa divina, sin embargo, en algunos está tan cubierta de escoria, que vemos escasamente una mínima luz, a pesar de ser el verdadero sol del microcosmos humano.

Nuestro verdadero ser es esa chispa, el Espíritu, que posee potencialmente los mismos atributos divinos, pero que puede manifestarlos solamente en proporción al grado evolutivo de mente y cuerpo, de los cuales está revestido.

Todos los hombres son rayos del mismo sol, no separados ni diferentes en la sustancia esencial, sino solamente en la parte efímera que va transformándose con la constante evolución.

Naturalmente, sin la conexión con el centro del cual todo procede estaríamos aislados como ramas separadas del tronco y, por tanto, sin vida para incapaces de realizar el mínimo acto de bondad. "Sin mí nada podéis hacer" (Juan 15.5).

Precisamente en esta unión y en la conexión con el centro divino del cual procedemos, encontraremos todas las potencialidades, nuestra primera protección sustancial.

Entonces ya no estaremos solos, seremos fuertes y tendremos capacidades impensables.

EL PROTECTOR INVISIBLE
QUE ESTÁ DENTRO DE NOSOTROS

G. Barbarin escribe: "En las religiones rituales Dios está tan alejado de sus fieles y rodeado de tantos resplandores de sus sacerdotes que hay pocas posibilidades de llegar hasta él y de conmoverlo.

Por esta razón muchos devotos prefieren dirigirse a sus santos, con la esperanza de que su humanidad los ayude a comprender sus miserias.

El Protector Invisible que yo os muestro está dentro de vosotros, vosotros sois su templo ordinario… pero la única manera como puede manifestarse es la de pasar a través de vuestra conciencia e identificarse con vosotros.

Si buscáis comunicación con Él en un lenguaje humano, no esperéis que os conteste en el mismo lenguaje. Se requiere que vuestro pensamiento se una al suyo en un acto incesante de comprensión" (*Le feu passionant de la vie*).

La conexión con el yo espiritual permite la asistencia continua durante la vida. Hay momentos de ausencia, como cuando estamos fuera de casa y los ladrones aprovechan para robarnos. Pero esto es ausencia de nuestra atención, no de la asistencia divina.

Cuanto más esté conectado el hombre con su parte real tanto más vivirá entre las cosas sin ser tocado por ellas; podrá pasar entre el barro sin ensuciarse. Por eso se dijo que para los limpios todo es limpio.

Cuando se asciende al nivel del yo espiritual, se entra en una zona de luz hasta donde no pueden llegar las pesadas energías de la naturaleza, es un lugar de quietud serena, paz y armonía. Allá no existe el alboroto de los hombres, ni los roces de los conflictos que desatan las fuerzas negativas.

El guía verdadero más cercano para el hombre es este guía interior, el yo espiritual que habla dentro de nosotros. El Invisible que dirige y gobierna nuestra vida es esencialmente nuestro yo espiritual, luz de Dios en nosotros; es el guía interior que se expresa con una sola voz: la conciencia. Esto no impide que existan entes más evolucionados, ligados a nosotros, asignados por la jerarquía que guía la evolución del mundo.

Si el hombre supiera fortalecer su vínculo con el yo espiritual, viviendo conscientemente en la llamada de la presencia divina, tendría el medio para no ser vulnerable a las ofensas. Por esto, todas las filosofías, todas las religiones y las escuelas de iniciación recomiendan la meditación, porque desde el interior, desde el yo espiritual, no desde afuera, se puede encontrar la verdadera sabiduría.

Cada uno tiene que vivir su experiencia terrenal, poniendo en acción sus capacidades para perfeccionarlas, desarrollando las potencias adormecidas.

Si se orientara la existencia humana en la dirección correcta, sería sin duda menos pesada. El error está en nosotros, no en las cosas. Creemos que realizamos nuestro bien, ocupándonos de las cosas materiales y descuidando las del espíritu, y siempre nos encontramos volviendo a comenzar porque hemos equivocado la dirección que debe tomar la existencia.

Si empezáramos a cuidar más lo que se refiere al espíritu, comprobaríamos que asumimos la vida en la dirección acertada. "Buscad primero el reino de Dios y su justicia y lo demás se os dará por añadidura". G. Barbarin parafraseando esta verdad escribió: "Cuidad los intereses del espíritu y el espíritu cuidará vuestros intereses".

LA CARGA INTERIOR

Existe una relación milagrosa entre las cosas. Una relación que llamaremos oculta, pero no por esto menos real, que puede ser verificada por los sentidos normales. Está conformada por la sintonía de los colores, por la forma y, sobre todo, por la fuerza que tienen dentro de sí, que la conservan y transmiten. Cuando los sabios y los maestros de vida enseñan que la causa de todo lo que atañe a nuestra existencia debe buscarse, ante todo, en nosotros mismos, se refieren exactamente a esta fuerza interior que en los humanos está formada por los pensamientos y los sentimientos.

Éstos irradian desde nosotros, sin que nos demos cuenta, formando a nuestro alrededor un aura que nos rodea, nos califica y hace que nos reconozca quien tenga la sensibilidad para percibirla. Así, los pensamientos de confianza o de benevolencia contienen y proyectan una fuerza muy diferente de los de hostilidad o de sospecha.

Cuando esta proyección toca a otros, tendrá la respuesta que corresponde a su propia calidad. Más todavía: los hechos demuestran que mueven, refuerzan y exaltan los pensamientos y los sentimientos, aun si están adormecidos en los demás.

Para crear, mantener y acrecentar en sí la fuerza positiva es importantísimo cultivar pensamientos y sentimientos de amor, así se crea un magnetismo que, en la práctica, es sumamente eficaz. Por el contrario, con la hostilidad y el miedo se desencadenan mecanismos destructores producidos por una fuerza maligna. La indiferencia es una fuerza neutral que a veces se parece, en sus efectos, a la fuerza negativa.

Nuestras relaciones con los animales son un testimonio de esto. Quien se les acerca con simpatía sabe que ellos dan una respuesta similar. El movimiento de la cola corresponde a la respuesta simpática, mientras bajar las orejas es la actitud menos tranquilizadora cuando no se ha establecido con ellos un contacto de simpatía.

Esto tiene todavía mayor valor en relación con los hombres. Entramos en conflicto con otros porque obramos prevenidos y tenemos una carga negativa.

El choque se origina siempre en la carga de temor, de indiferencia o de hostilidad. Somos ciegos y sordos, pretendemos de los otros lo que no sabemos dar: el amor que tiene el poder mágico de transformarlo todo.

Con frecuencia, la persona se coloca en la situación de ser defendido u ofendido, de acuerdo con su carga interior. Ella está segura cuando vibra en el amor y la armonía; pero está desprotegida cuando piensa y obra de manera negativa y egoísta. Si piensa y busca el mal del otro, sólo recabará daño para sí misma.

La carga interior es la potencia del yo espiritual que se manifiesta. Produce una irradiación protectora tan fuerte que no podrá ser atacada por ninguna fuerza inferior.

La confianza en sí mismo es la certeza y la entrega a la potencia del yo espiritual, no al yo personal. El yo espiritual deja obrar al yo de la personalidad que, por sí solo, puede hacer muy poco; puede obrar si es un instrumento afinado, pero si es todavía tosco, a menudo produce daños.

El yo espiritual se despierta para la acción sólo después de haber dejado actuar al yo de la personalidad durante mucho tiempo.

DE DÓNDE PROCEDE NUESTRA POTENCIA

La confianza en sí mismo no es la mezquina deificación del propio yo, convertido en el centro de todo, doctrina que han difundido algunas escuelas materialistas y otras degeneradas de pseudoiniciados, de una clara y estéril tradición pagana, desviando a muchos jóvenes equivocadamente hacia el orgullo y la violencia que desconocen el amor.

La causa principal del éxito de todo es esta confianza firme y tranquila. Pero hay que recordar que el punto de apoyo principal de la confianza en sí mismo, es el convencimiento de ser la chispa divina, de capacidades impensadas.

Quien tenga esta conciencia no le temerá a nada. Basta este pensamiento, arraigado profundamente, para que el hombre sienta fluir dentro de sí una fuerza muy grande. Es una energía que hay que utilizar inmediatamente. Descubrirá la enorme potencia que había en él pero que mantenía dormida. Ha llegado el momento de despertarla y de obrar.

CERTEZA INTERIOR

Existe una forma de confianza y de seguridad en sí basada en motivaciones inconscientes, no en motivos religiosos a los cuales muchos son ajenos. Algunos la sienten como certeza interior y fe en su propio destino. Es propia de los grandes jefes y también de personas que se comprometen en empresas arriesgadas con una calma que a otros les parece sobrehumana. Esta certeza se encuentra aún más a menudo en proporciones modestas en muchos hombres activos y emprendedores. Ellos intuyen con seguridad el feliz éxito en iniciativas que a otros les causan temor. No confían solo en sus cualidades, aunque saben que las tienen, sino en otro factor inconsciente que no saben explicar, pero los impulsa a obrar.

Es el yo superior el que manifiesta su empuje en estos hombres de acción.

En la vida común, el hombre aplica instintivamente las reglas de actitud positiva hacia la vida y de confianza en sí mismo. Los problemas aparecen cuando los eventos y la depresión derrumban esta tendencia natural de confianza. Empiezan entonces los temores y los dolores que asumen el carácter de una enfermedad psíquica. Pero quien sabe entender, sana rápidamente.

EL PUNTO DE APOYO MÁS FIRME

"Dadme un punto de apoyo y levantaré el mundo". El gran Arquímedes conocía esta verdad del mundo físico, que es verdad también en los mundos superiores. Es necesario un punto de apoyo sobre el cual hacer palanca, un punto firme, para efectuar cualquier movimiento.

El hombre seguro de sí tiene unos puntos sobre los cuales apoyarse como centros de fuerza. Él no se agita, se mueve para volver a esos puntos que son su seguridad. Al contrario, el inseguro y el indeciso se agita sin parar y no tiene paz porque no sabe dónde apoyarse; también el que se preocupa carece de seguridad, porque no tiene la certeza de un punto firme.

J. Krishnamunti escribe: "Debes tener fe en ti mismo. ¿Dices que te conoces demasiado bien? Si dices esto, es señal de que no te conoces de ninguna manera; conoces tan solo el débil cascarón exterior que a menudo cae en el barro. Pero en ti mismo eres una chispa del mismo fuego de Dios; y Dios, que es omnipotente, está dentro de ti. Por tanto, no hay nada que no puedas hacer, si lo quieres. Di a ti mismo: 'Lo que un hombre ha hecho, otro hombre lo puede hacer, porque la voluntad debe parecerse al acero templado'".

Tener confianza en sí mismo es tener confianza en Dios que está en nosotros, en el Dios que gobierna los universos y del cual somos parte.

El hombre es, en miniatura, lo que Dios es a gran escala. Este es un punto firme tan sólido como ningún otro. Quien es consciente de esto, no le teme a nadie: sabe que tiene consigo la misma fuerza que mueve la vida.

El hombre tiene el deber de desarrollar sus capacidades. Desarrollar en el sentido etimológico, porque el yo divino está envuelto como una luz en densas fajas que no dejan filtrar nada, aunque esté dotado del máximo resplandor. Quitar las vendas, desarrollar, es hacer caer lo que lo envuelve, y entonces resplandecerá la luz como en los grandes maestros de la humanidad, en los genios, en los santos, en los sabios, en los grandes hombres de todos los tiempos.

Ésta es la esencia de la confianza en sí mismo, sólida y segura, el más fuerte punto de apoyo. A diferencia del punto frágil del engreído que confía tan solo en sus propias fuerzas, cuyas limitaciones sufrirá en los momentos difíciles.

Hay que tener confianza en sí mismo, en el sentido expresado. Los hombres tienen confianza y aprecian al que confía en sí mismo, esto es, a quien tiene fe, porque lo sienten como un creador, un realizador.

El engreimiento presuntuoso de algunos que creen tan sólo en sí mismos nace del desconocimiento del punto exacto sobre el cual debe apoyarse su confianza.

Ellos creen en sí mismos, no en Dios, de quien todo se origina. No saben que ninguna rama aislada puede dar frutos duraderos.

Quien cree tan solo en sí mismo en el sentido de autonomía, desconectado del centro del cual podemos tomar luz, potencia, y amor y manifestarlos, está destinado a sufrir experiencias olorosas. Somos rayos del único sol, chispas de luz divina, fuertes y potentes solamente porque somos alimentados por la fuente de la cual derivamos. Quien cree en sí mismo desconociendo sus limitaciones, es un miope que sólo el dolor podrá aclararle la vista. Quien cree solamente en sí mismo como valor absoluto, tiene la apariencia de la roca que está destinada a romperse.

En los momentos finales de la vida, cuando vea derrumbarse el ídolo que había erigido en dios, verá aniquilada su propia locura. La deificación es un error que los hombres, en su locura, ya han pagado en abundancia.

Recuerda: si aun solo, a veces puedes mucho, con Dios lo puedes todo.

EL DESPERTAR DEL YO SUPERIOR

Toda la pobreza del hombre se manifiesta cuando se cree separado de la fuente de la cual puede recibir la linfa vital, cuando olvida su meta y dirige la mirada solamente hacia la tierra; entonces obra como un animal.

Cuando el animal es guiado por el instinto, está en su plan de bienestar porque ésta es su ley.

En cambio, el hombre que se deja guiar sólo por el instinto, desciende aún más del nivel que le corresponde, pues la razón mal empleada lo lleva a un egoísmo desesperado hasta arrastrarlo a la involución.

Cuando el hombre olvida su individualidad divina para obrar sólo con su personalidad, actuará separado de su fuente vital, con todas las implicaciones posteriores. Entonces, los otros y las cosas le parecerán extrañas y hasta antagonistas o enemigos. Se defenderá de ellos y los combatirá cuando sienta que amenazan su seguridad.

En el nivel de la personalidad el hombre está solo, porque está aislado de la fuente verdadera. Quien se le acerca, también egoísta, busca su propio bien, pero no puede aportarle de verdad. En estas condiciones puede sucederle todo lo dañino, pues le falta la conexión consciente con la vida universal que es el amor. Cuando el yo personal obra así, en cierto modo, es abandonado a su experiencia para que ésta sea su maestro de vida, mientras el yo espiritual asiste como espectador; naturalmente, hasta cierto punto.

Es este el tiempo el hombre sufre las desilusiones más amargas, las congojas, y los desengaños, porque busca su bien donde no puede conseguirlo, pues no está allí. Pero ni siquiera entonces le falta la asistencia del Protector Invisible que obra precisamente a través de esas desilusiones, desengaños y amarguras, para que se transformen en ayudas saludables para él.

El despertar del yo superior es la primera tarea para quien quiere progresar en los caminos elevados, abandonando los senderos y las callejuelas. Solamente desde la altura puede dominarse todo, por esto en el Medioevo los castillos se construían en lo alto. El que tiene despierto el yo superior domina fácilmente la materia, ve todas sus inquietudes y los intentos de asalto, aun antes de que ésta pueda llevar a cabo sus propósitos caprichosos.

La conexión con el yo espiritual es el camino para alimentar la luz de la barrera invulnerable que ninguna fuerza maligna puede atravesar. Permanecer siempre en esta conexión es el secreto de la seguridad de los sabios y de los grandes espíritus, que no conocen los miedos ni las preocupaciones que continuamente inquietan a aquellos que no tienen ningún punto de apoyo y revolotean acá y allá como hojas al viento.

PRIORIDAD DEL ESPÍRITU

Si la humanidad hubiera cultivado más el espíritu, su perfección sería más elevada. Ni siquiera hubiera necesitado las máquinas modernas porque las habría superado ampliamente. En vez de permanecer prisioneros de los sentidos, los hombres habrían adquirido poderes enormes; pero, por su ceguera, están destruyéndose a sí mismos y a la naturaleza. Se volvieron *robot* sin alma ni corazón, se burlan de los sentimientos más elevados y nobles, y han convertido las cosas perecederas en sus ideales.

El fracaso de la transformación de la sociedad basada solamente en el factor económico, es evidente para todos. El concepto zoológico de la vida ha desencadenado el animal que hay en el hombre, que desarrolla el egoísmo más recalcitrante.

Si el hombre no se transforma, es decir, si no busca realizar su dimensión interior, la sociedad caminará siempre hacia lo peor, hacia el abismo, ya que la parte inferior, que es ciega y está por debajo de la razón, producirá una segura destrucción.

LA POTENCIA DEL YO ESPIRITUAL

La evolución de millones de años ha llevado al hombre a una perfección admirable de su forma física. El yo espiritual posee ahora un instrumento perfeccionado para manifestarse. En el animal esto no sucede porque tanto el cuerpo como la psique no tienen el mismo nivel de desarrollo del humano. El yo espiritual encuentra su mejor expresión en el hombre. Pero en el mismo nivel humano las diferencias entre un hombre y otro son grandes, en lo que se refiere a la parte física y psíquica, y son todavía mayores en el plano mental, donde el yo espiritual tiene instrumentos diferentes y su eficacia se expresa de acuerdo con la capacidad del individuo. El yo espiritual no necesita evolucionar, es perfecto en sí como chispa divina; la evolución debe darse en los instrumentos que le sirven para manifestarse.

Desde el genio hasta el idiota hay una amplia gama de expresiones que, vistas desde lo alto, se diferencian en poco. La diversidad de las manifestaciones del yo espiritual puede compararse con la que se da en el sonido de un instrumento: la voz emitida puede ser la misma, pero tendrá diferente resonancia según pase a través de un medio de madera, de hojalata, de cobre o de plata.

El yo espiritual es la parte más elevada del hombre. Desde la cima de una montaña, el panorama es más amplio, pero desde un avión en vuelo la visión se extiende a un horizonte todavía más extenso. Según uno vaya bajando, el panorama se reduce más hasta cerrarse. En el punto más bajo, el hombre está preso.

Los poderes del yo son amplios, ilimitados: el yo espiritual lo sabe todo, lo puede todo potencialmente, en cuanto colaborador del amor, de la sabiduría, de la potencia de la cual es una chispa. Por eso quien busca ascender al plano espiritual por medio de la disciplina enseñada por los maestros, adquiere la verdadera potencia y la verdadera sabiduría, diferente de las adquiridas por el yo de la personalidad o del anímico de quienes pasan su vida al abrigo de la inútil erudición que les dan los conocimientos estériles.

El brillo intelectual es nada comparado con la verdadera luz del espíritu. El entendimiento en sí no tiene ni luz, ni calor; es luz lunar, tan solo aparente, reflejo de la luz solar. Si la inteligencia ha podido producir obras que despiertan admiración, son sólo obras de transformación y de mecanismo. La creación verdadera es exclusivamente obra del espíritu, de esta parte humana que es divina, que lleva en sí luz y calor, la única que crea la vida.

Siempre podemos recurrir a esta fuente de vida y alimentarnos de ella, porque de ella emanan la energía y fuerza enormes que siempre están a nuestra disposición, aunque sólo podamos usar la parte que no está muy escondida por la densidad de la personalidad, la cual impide la manifestación de todo su esplendor. Esta fuente está en cada hombre y a cada uno le corresponde vivificarla y buscar su contacto y su unión y ésta será su máxima realización.

A este Invisible queremos ante todo dirigirnos, antes que a cualquier contacto externo. Creemos profundamente en este Invisible que guía y ayuda, en esta potencia de luz, amor y bondad porque es una ley que nadie sea abandonado a sí mismo. Todas las cosas están conectadas entre sí y el hombre, menos que nada, puede ser dividido y aislado.

Esta profunda convicción, que es certeza, no dejará de producir sus efectos, especialmente en los momentos tristes de la vida, cuando se requiere que otras fuerzas se unan a las nuestras y que nuestra impotencia se convierta en poder.

Por esto nuestra primera protección somos nosotros mismos. Lo que somos en nuestro interior es nuestra verdadera esencia, el resto es corteza y revestimiento. El yo espiritual es la verdadera protección, la cual se da cuando el hombre haya despertado su parte más elevada, el súper consciente, por medio del cual se manifiesta el yo espiritual.

Tener fe significa mirar por encima de las pobres vicisitudes humanas, compuestas con demasiada frecuencia de dolor y luchas. Significa creer que ellas no son fines en sí mismas, ni fortuitas, sino formas de progreso espiritual o efectos de nuestro actuar pasado. La protección del yo espiritual se efectúa para la realización de la experiencia terrenal necesaria y como regulador del karma.

LA VOZ DEL YO: LA CONCIENCIA

Las inspiraciones, que son de gran ayuda especialmente en los momentos decisivos, vienen del yo espiritual que, por medio del yo superior, las hace llegar al yo de la personalidad. Las vibraciones necesarias para estas transmisiones poseen unas frecuencias elevadísimas y muy variadas, de manera que no pueden percibirse por el ojo ni por el oído humano.

Anotamos que el cerebro es la estación receptora del hombre. Existen personas muy sensibles que ven y sienten cosas que los demás ignoran. La clarividencia y la clariaudición son características de este tipo de sensibilidad.

Muchos animales, en otra longitud de onda, alcanzan a percibir lo que está más allá de los sentidos humanos. De esto se derivan especiales fenómenos de premoniciones comunes a muchos animales como los referentes a cataclismos, temblores y tempestades. Ellos pueden oír los ultrasonidos que nosotros no sentimos, y también logran ver el aura humana que el hombre percibe de manera extraordinaria.

La voz que cada uno siente en su interior varía de acuerdo con su grado de evolución, pero infortunadamente esta voz es desoída con frecuencia. Ella es el guía más valioso, verdadero y apropiado para cada uno. Ella sola bastaría para conducir al hombre de peldaño en peldaño hasta la cima de la escala. Pitágoras les aconsejaba a sus discípulos detenerse por lo menos una vez al día para escuchar esa voz. El yo le habla a cada uno a través de la conciencia: la capacidad de escucha debemos desarrollarla más que cualquier otra cosa.

Escucha la voz

El estudio más atento debería estar dirigido al conocimiento de las propias actitudes, sin dejarse desviar por otras personas.

Mirar el propio camino es una tarea que corresponde a cada uno, para no exponerse a golpearse en la cabeza contra obstáculos inesperados. Por esto es necesario escuchar la voz interior que no dejará de sugerir, de iluminar, de frenar o estimular.

Ponerse a escuchar la propia voz interior es el ejercicio más útil que debe hacerse. Todos los sabios, en todos los tiempos, lo han aconsejado. Y lo han hecho. Detente de vez en cuando durante el día, párate un momento como hacía Sócrates, para escuchar lo que te dice tu yo interior. Si no te has entrenado, al principio no podrás escuchar nada porque el canal está cerrado o estás todavía sordo, porque nunca te has preocupado por abrir esta vía maestra de salud. Pero cuando el canal se abra, podrás escuchar la voz verdadera y purísima, la única que debes escuchar, la de tu yo espiritual.

Es la regla infalible de la vida. A través de esta voz se expresa tu guía, que es tu yo espiritual.

Los maestros y los guías

> Yo creo en mi espíritu familiar, y con
> mayor razón debo creerles a los dioses, que
> son los grandes espíritus del universo.
>
> PLATÓN. *Apología.*

El Invisible está dentro y fuera de nosotros. Dentro, es la chispa divina, el yo espiritual, el maestro interior, que es guía y protector de nuestro destino. Afuera, es la entidad amiga, que tal vez ha vivido con nosotros y ha sido puesta delante de nosotros para ayudarnos.

"Dentro de nosotros" y "fuera de nosotros" es una manera de hablar para entendernos ya que todos nos encontramos en la unidad de la vida, en la realidad única, aun en las diferencias y en las múltiples formas del mundo relativo.

El Protector que de variadas maneras y a cada paso, en cada instante, en cada pensamiento y en cada acción, nos rige, puede utilizar también maestros y guías, visibles e invisibles.

En el transcurso de la breve y a menudo sufrida existencia, el hombre nunca está solo. Es necesario insistir en este concepto para que penetre en lo profundo de nuestro ser y mueva en nosotros esa preciosa energía sana que nos hace vivir tranquilos y seguros. Existe quien nos observa, permanece cerca, nos sugiere, nos guía y, cuando es necesario, viene en nuestra ayuda en algunas situaciones, en los momentos en que nuestras capacidades se manifiestan insuficientes y limitadas.

Las intervenciones superiores en la vida del hombre están documentadas por innumerables sucesos. No hay nadie que, en alguna situación embarazosa de su existencia, no tenga para contar algún hecho inexplicable que se resolvió de forma inesperada.

Existen además sucesos de verdad excepcionales, aquellos que llamamos milagros, acontecimientos prodigiosos, que han resuelto de golpe problemas considerados insolubles, en los que la intervención superior ha sido abiertamente clara, evidente y manifiesta.

La Biblia habla de hombres de "dura cerviz", que no son solamente los antepasados de ciertos cabecillas del escepticismo de hoy, sino también de todos aquellos que para comprender necesitan ver y tocar una y otra vez. Y ni siquiera esto es suficiente.

Por desgracia, la memoria de muchos hombres es tan frágil que olvidan fácilmente los prodigios que les han proporcionado satisfacción o de los cuales han sido testigos. En cambio, concentran la mente en cosas tristes y dolorosas que dejan cicatrices en sus cuerpos. Por eso hay tantos pesimistas y escépticos. Pero esto les sucede a quienes no han despertado, a los que continúan encadenados a la experiencia materialista. Ellos miran siempre y solamente hacia la tierra. No saben levantar los ojos hacia lo alto, de donde vienen la luz y la ayuda, aunque no nos demos cuenta.

LAS DIVINIDADES TUTELARES

En las religiones de todos los pueblos ha existido el culto a los dioses tutelares.

En Roma, los Lares, los Penates y los Genios recibían grandes honores y las divinidades del hogar doméstico eran sagradas. En la entrada, en toda casa, o cerca del hogar se les reservaba un sitio, un altar y, a veces, un pequeño santuario.

Eran los espíritus guardianes de la familia, representados por una pequeña estatua de bronce o de mármol, o pintados en la pared. Con ellos se tenía un gran cuidado y se adornaban con flores y colores.

En el aniversario de su nacimiento se le ofrecía al genio tutelar vino y huevos, flores e incienso. Se le dirigían también oraciones pidiéndole la protección contra toda adversidad. Lo mismo se hacía con la diosa Fortuna.

Los griegos y los romanos creían en los genios positivos protectores y dadores de bien, y en los negativos, portadores de males. El genio bueno era representado en la imagen de un joven coronado con flores o espigas de trigo.

Los Lares eran las almas buenas, y a aquellos que se les consideraba malos se les daba el nombre de Lémures, genios inquietos y malignos que aparecían también en forma de fantasmas para atormentar a los vivos. Los llamaban también Larvas. Además de los Lares domésticos o familiares, existían los Lares públicos.

Las provincias y las ciudades tenían sus genios tutelares así como existían patronos y protectores para los edificios, las plazas, los cruces de calles y los campos. Ellos cumplían la tarea de mantener alejadas las desgracias y los enemigos. En la popa de los barcos, también estaban representados los genios tutelares. En el campo de Marte tenían sus templos Juno, Apolo, Diana y Mercurio, considerados los Lares de los romanos.

Cada persona tenía su propio genio tutelar, así como todo creyente cristiano tiene su propio ángel de la guarda o su propio guía. En Roma existía también el numen (protector) del emperador.

Las historias antiguas señalan innumerables testimonios de sucesos con los cuales se afirmaba la protección sobre los hombres por parte del Invisible, en el curso de los siglos, cualquiera fuese la religión profesada o el nombre que los hombres le daban. La continuidad de este sentido religioso y la fe en las divinidades tutelares que nos cuidan, demuestran las ideas y los sentimientos innatos y arraigados en el corazón del hombre.

En la antigua Grecia y en Roma, los santuarios antiguos y los modernos están llenos de ofrendas votivas en testimonio de agradecimiento por los milagros, la ayuda y la asistencia que los hombres siempre han recibido de la comunión con el Invisible.

LA JERARQUÍA QUE GUÍA LA EVOLUCIÓN DE LA HUMANIDAD

Es opinión común entre los hombres que quien haya alcanzado con éxito un cierto nivel en la escala social puede mandar a los otros y hacer que le sirvan: este hombre egoísta se considera el centro de la vida y del bienestar. Pero este prejuicio, de pensar que puede disfrutarse, como privilegio, del trabajo del inferior, es moralmente atrasado, equivocado y opuesto al del espíritu.

Jesús cambió este concepto humano y egoísta.

Cuando se presentó entre sus discípulos la discusión de quién era el mayor, Él les dijo: "Los reyes de las naciones dominan sobre ellas y los que tienen poder son adulados como bienhechores. No debe ser así entre vosotros; más bien el mayor de entre vosotros será como el menor, y el que mande será como un servidor. Pues ¿quién es mayor, el que se sienta a la mesa o el que sirve? Ciertamente, el que está sentado. Sin embargo, yo soy entre vosotros como el que sirve" (Lucas 22:24-28).

Nosotros estamos protegidos por la jerarquía que guía, la evolución del mundo, que dirige todo, y, para cada uno en particular, por un guía que lo ayuda. Esto sucede en cada nivel de la vida y sin exclusiones. Ni siquiera la criatura más humilde debe considerarse inútil u olvidada. Estamos protegidos por el Señor de los mundos infinitos para el cual no existen divisiones ni diferencias entre los hombres, hijos todos de un mismo Padre.

Las agrupaciones que conformamos por afinidad de evolución, por lazos kármicos, etc., no son separación de los otros, sino una unión necesaria para el fin evolutivo. La ley operante, desde el átomo a las galaxias, con sentido igual de justicia y amor, dirige a cada individuo. Dante intuyó esta verdad que sintetizó en la expresión: "Amor que mueve el sol y las demás estrellas".

***

En *La vida de Pitágoras*, Jámblico escribe: "Pitágoras, en su enseñanza, tenía la finalidad de establecer los medios de comunicación entre sus discípulos y los dioses, tanto en el sueño como durante la vigilia".

Y también Aivanhov sugiere: "Es muy importante tener un maestro o estar conectados con los espíritus luminosos del mundo invisible. Conectándose con estos seres que han tenido experiencias más profundas, que han resuelto gran cantidad de problemas, atraemos los conocimientos que ellos poseen, podemos extraerlos y beneficiarnos de ellos. Vivimos, actuamos y algo más se agrega a nuestras experiencias; esto nos ayuda".

QUIÉNES SON LOS MAESTROS Y LOS GUÍAS

En todas las épocas, desde los tiempos más antiguos, los grandes espíritus fueron maestros de los hombres y vinieron para indicarles a sus pueblos las grandes metas que debían alcanzar.

Se dedicaron a despertar la naturaleza espiritual que está en cada uno, a volvernos conocedores de la verdadera esencia del hombre, revestida de apariencias ilusorias, que en el viaje por los caminos de los mundos, a través de experiencias repetidas, regresará purificada al centro de luz del cual proviene.

Así, los hindúes tuvieron sus Avatares, o encarnaciones divinas, como Krishna Shancaracharya, Gautama Buda, y los antiguos rishis, grandes sabios, autores inspirados de los himnos de los vedas; en Occidente, profetas, patriarcas, instructores, videntes (que anunciaban a las muchedumbres cantidades de verdades desconocidas), genios y luego sabios.

Maestros y guías, ayer como hoy, son también todos los que saben despertar las verdades eternas que están dentro de nosotros. No erudición sino sentir interior; no sólo aprendizaje sino conocimiento, realización. Ellos saben empujarnos a la liberación de las escorias que oscurecen la luz de la chispa divina.

Maestros y guías no son solamente los grandes nombres conocidos en la historia de los hombres, son también los santos de cualquier civilización y religión, que guían a los pueblos y a los hombres. Son luces en la noche de este mundo oscuro, aquellos que tienen señaladas las metas más elevadas y las vías que hay que recorrer para alcanzar las cimas.

Ellos nos cuidan cada día con su obra de amor. Son maestros y guías todos aquellos que con los muchos medios de la vida moderna nos dan ejemplos, enseñanzas y aliento para el bien. Cercanos o lejanos o visibles e invisibles, nos sugieren y nos ayudan a través del vínculo espiritual que tenemos con ellos: ésta es su tarea de amor.

A nosotros sólo nos corresponde la tarea de progresar y desarrollar la fuerza necesaria para superar los obstáculos. Es una tarea larga, gradual, a menudo dolorosa. Para facilitar que esto suceda, es necesario que nazca la fuerza suficiente, el Cristo en nosotros, que crezca y se desarrolle, único guía que puede conducirnos a la meta.

El vínculo que puede unirnos a los maestros y a los guías es el mismo que hemos tenido, durante nuestra existencia terrenal, con los que están unidos a nosotros mediante vínculos de espíritu y de sangre: (hijos, parientes, hermanos, amigos u otros); ellos también necesitan calor y amor. Los ayudamos con nuestras acciones de cada día.

La ayuda que recibiremos de los maestros y de los guías es proporcional a la que nosotros les damos a los demás. A ellos debemos toda nuestra gratitud por la acción de amor que han realizado por nosotros. La mejor gratitud se expresa transfiriéndoles a otros lo que ellos nos han dado. Seremos así un anillo de la cadena a través de la cual los hombres escalan el camino para volver a la casa del Padre. La escalada es difícil, pero estamos seguros de llegar porque nos asisten guías expertos.

Quien permanece encerrado en su egoísmo, sin hacer el bien, es abandonado a su experiencia. De ella tendrá que aprender las leyes de la vida. En cambio, haciendo el bien a los otros, se pone automáticamente en movimiento el mecanismo de ayuda y asistencia. Para el egoísta, el mecanismo permanece inmóvil o más bien invierte la dirección para golpearlo. A cada uno le corresponde la decisión de participar en la gran vida actuando positivamente en provecho de todos los hombres hermanos.

Quiénes no son maestros

En el caso de la vida actual, no es fácil distinguir los verdaderos maestros de aquellos que nos alejan de la verdad, ni discernir quién puede ser nuestro guía.

Con demasiada frecuencia somos víctimas de mentirosos que proliferan por todas partes.

Los caminos del mundo están infestados de innumerables promeseros de paraísos inexistentes y de ilusos que a su vez ilusionan a incautos.

No son maestros ni guías quienes quieren reformar el mundo sin cambiar ellos mismos, más necesitados de cambio que los demás, porque son egoístas. Son falsos maestros quienes predican y gritan los derechos mientras ignoran los deberes; quienes obligan e imponen, desconociendo el amor; quienes buscan más el parecer que el ser. También son falsos maestros quienes viven solamente en el plano cerebral, mentalidades frías y anémicas, carentes del verdadero calor del espíritu, aun material o psíquico. Llenos de orgullo, impiden el paso de la luz desde lo alto.

La luz de la mente es una luz refleja, lunar, no es propia, carece de calor, es incapaz de hacer brotar y alimentar la vida. Son, por tanto, luces falsas que engañan a quien no sabe discernir.

No son maestros quienes ignoran las últimas metas del hombre, ni son guías si no saben indicar el camino para seguir. Son tan solo fuegos fatuos, luciérnagas vagabundas o más bien paja mojada que produce mucho humo pero no da la lumbre.

Sin embargo, para algunos niveles de vida y personas, ellos también pueden servir porque cada uno tiene su función en el mundo de las cosas relativas, y para cada plano de vida hay quien puede ayudarles a otros que pertenecen a ese mismo plano.

Saber discernir

Cuando las mariposas vuelan cerca de la luz de la lámpara, a menudo se queman las alas. El hombre que busca la luz y corre hacia donde ve un brillo con frecuencia queda desilusionado. El discernimiento para evitar esta situación se adquiere con la experiencia. Por desgracia, solo después de muchas experiencias negativas llegamos a distinguir los falsos maestros de quienes son nuestros verdadero guías.

Las amarguras de cada día son experiencias preciosas que cada uno debe valorar para crecer y madurar. La edad adulta, en sentido espiritual, se alcanza tan solo después de este sufrimiento y de desilusiones repetidas.

Existen también criterios para discernir acerca de las personas y los acontecimientos. Debemos tenerlos en cuenta para no ser víctimas fáciles de vanas ilusiones y engaños. Hay que aprender a valorar y seleccionar. Para esto no sirve sólo razonar y comparar. Valorar es tan solo un hecho racional y mental; es mejor sentir las cosas con el alma y, entonces, la respuesta es más inmediata y verdadera, no entorpecida por consideraciones humanas. Debemos escuchar lo que dice nuestra alma y aprender a entender su lenguaje.

El Maestro de los maestros

La luz que brilla con el resplandor más grande para nosotros es ciertamente la que hace dos mil años les trajo a los hombres la plenitud de las enseñanzas del pasado: Jesús, el Cristo.

La meta que nos ha señalado es "el retorno a la casa del Padre", después de las experiencias vividas por los caminos de los mundos.

El amor es la vía maestra que debemos seguir para alcanzar la cima y el medio maravilloso para realizarlo.

Él nos dio la llave de la vida, pero todavía no somos capaces de usarla por nuestra escasa evolución. Con esta llave podremos resolver todos los problemas que tanto y tan inútilmente preocupan a los hombres no evolucionados.

La luz, llama de amor, nos guía por el camino de la vida terrenal. Pero para transitarlo hay que ser fuertes y sacar el barro que hay dentro de cada uno. Esta tarea difícil también se realiza con el amor, medio y fin de la vida.

"Yo soy el camino, la verdad y la vida. Quien me sigue no caminará en tinieblas".

Aun el peor de los hombres, si toma este camino puede encontrar su salvación.

"Yo soy la resurrección y la vida".

Aunque, aparentemente, pocos han recorrido este camino hasta el final, quienes en dos mil años han seguido sus enseñanzas, han realizado maravillosas obras buenas. Ellos son nuestros guías más cercanos, conocen nuestras necesidades, nuestras debilidades, y también nuestros propósitos. Ellos conocen bien nuestras aspiraciones hacia las cumbres desde donde se perciben horizontes más amplios y un mayor resplandor de luz.

LA AYUDA DE LAS ESFERAS DE LUZ

Los grandes espíritus del pasado, los sabios, los santos de todas las religiones, los héroes y los mártires de cualquier ideología, sirvieron a sus ideales por el bien de la humanidad. Ellos, Maestros de vida, fueron realizadores e instructores, dieron ejemplo y enseñanza. Han recorrido nuestro mismo camino y ahora, desde las esferas de luz, ayudan al que se dirige a ellos. Ellos responden con alegría a nuestros pedidos y acuden a asistirnos ilimitadamente.

En Oriente budista e hinduista, junto a los teósofos están los maestros o señores del karma que presiden la evolución de sus discípulos: ellos avisan, preservan, defienden. Pero su acción tiene una barrera infranqueable: el karma de cada uno; ellos sirven al destino, no pueden contradecirlo. Cuando éste pide ser realizado, ellos ayudan para que se cumpla, aun cuando sea desagradable.

En la religión hebrea, que ha transmitido este concepto al cristianismo y al islamismo, el ángel custodio es el asignado a la protección de cada uno.

En todos los pueblos del pasado era común y totalmente aceptado el concepto de la relación entre seres superiores que orientaban a los mortales.

En la historia de cada pueblo abundan sucesos importantes en los cuales se cuenta su intervención en las vicisitudes humanas, particulares y colectivas. Basta señalar el ángel bíblico que guió y aconsejó a Tobías; al demonio de Sócrates, a los Genios de los romanos, que acompañaban al hombre desde la cuna hasta la tumba; a los Ginn del islam; a los espíritus guías de Juana de Arco, etcétera.

Las biografías de los hombres excepcionales, no solo de los libros religiosos de todos los tiempos, sino de la historia de cada nación, narran muchos sucesos que hacen ver que sus vidas no dependen de ellos mismos, aun en la libertad de cada uno. Son determinadas por la intervención sabia del que guía, que no es interferencia sino dirección hacia la meta precisa que el hombre por sí solo no ve.

Quien tiene el alma dispuesta a buscar la verdad, sin prejuicios materialistas, puede extraer abundante información de las hagiografías de otros escritos en todas las lenguas, donde podrá examinar numerosos eventos. Así ha hecho el gran maestro E. Bozzano en sus numerosas obras, en las cuales ha examinado con gran cuidado eventos y casos reportados por institutos de cultura y asociaciones para la investigación psíquica, por revistas y actas de academias especializadas.

Además de la existencia de un guía permanente en la vida particular y universal, existen también guías externos para la evolución de la vida. Pero todo depende de la fuerza interior de cada uno. Antes de que ésta se desarrolle y opere, la acción exterior puede ayudar a comenzar.

Puede pensarse también que hasta una dirección exterior armoniosa sería compatible con la acción interior y hasta facilitar el desarrollo de fuerza interior, que pronto se hará cargo de guiar.

Para darle tiempo al desarrollo de esta fuerza interior, el hombre necesita quien lo guíe y lo asista desde afuera. Debe crecer moralmente, y superar su condición de menor de edad, antes de poder gobernarse por sí solo. Para esto sirven los guías y los maestros; para esta tarea están las religiones exteriores, las escuelas, las filosofías, las asociaciones: con sus enseñanzas ayudan a crecer. Pero la enseñanza más eficaz es la experiencia personal: ésta es la verdadera escuela, con sus errores, sus caídas, sus ilusiones y desilusiones y dolorosos nuevos comienzos.

En la preciosa experiencia de la vida, aunque demasiado pesada y dolorosa, madura la sabiduría. Todo quien ayuda desde afuera, procede como la madre que carga al niño todavía pequeñito, antes de dejar que se atreva a dar los primeros pasos; luego le da la mano al pequeñín para que aprenda a caminar solo.

Un cartero excepcional

La vida de Gema Galgani es uno de los ejemplos más evidentes de la ayuda y asistencia del Protector Invisible. La santa decía que lo tenía siempre a su lado hasta brindarle unas atenciones increíbles. En su biografía, escrita por sor Gesualda se dice:

"Como a Santa Francesca Romana, ella veía continuamente a su lado este ángel bueno y se relacionaba con él como con un amigo y hermano.

Una vez que fue donde las Montellate, una de las hermanas le dijo: 'Gema, ¿estás sola?'. 'No, tengo conmigo a mi herma-nito…y también a otra persona', respondió. '¿Y quién es?', le preguntó. 'El ángel Custodio', dijo Gema. 'Pero yo no lo veo', le insistió la hermana. 'Está aquí a mi lado y lo veo', contestó Gema. Así decía a toda hora del día y de la noche: 'Mi ángel está siempre conmigo: lo veo, lo escucho, lo amo, lo sigo, le obe-dezco, lo venero'. Él jamás la abandonaba, ya rezara, trabajara o se entregara al servicio de los demás.

Si cometía alguna falta, el ángel, cuyo ojo siempre fijo en la santidad de Dios se perturbaba con cualquier átomo de pol-vo, la regañaba tan severamente que Gema temía que los de-más lo vieran, y pudieran experimentar un sentimiento de terror.

Para Gema, como debería ser para todos, el ángel custodio no solamente está a nuestro lado, aunque invisible, para de-fendernos de los peligros, sino también para ayudarnos en to-das nuestras necesidades, guiarnos hacia Dios, sugerirnos el bien, colaborarnos en eso, fomentar en nosotros la gracia, conducirnos al Paraíso. Él es para nosotros el lazo entre el cielo y la tierra; entre lo natural y lo sobrenatural.

Entonces, para Gema, que en la casa del Padre celestial se sentía como una niña, y como tal todo lo creía posible, permitido y esperado, su confianza en el ángel custodio era total. Dios lo había colocado a su lado desde la cuna; él no la dejaba nunca de día ni de noche; era su amigo, su confidente su mensajero…

Con gran sencillez le confiaba a veces las cartas para su director espiritual, especialmente cuando no podía echarlas al correo, o por razones justificadas quería hacerlo sin que nadie lo supiera. Asunto de confianza, de humildad y de amor.

Pobre, en un hospicio, privada de libertad, deseosa de no agraviar a nadie, en la imposibilidad de conseguir una estampilla, necesitaba luz y ayuda en algunas cosas para ella muy importantes, y esto le ocurría frecuentemente. Un día le pidió, con su sencillez encantadora, al ángel custodio del padre Germano que se hiciera cargo de la carta que le había escrito a ese padre. Lo invocó, le rezó y colocó la carta en sus manos, sin duda ni incertidumbre. ¿Por qué debía tenerlas? ¿No son mensajeros de bondad, de paz y de alegría? Y la carta llegó.

La señora Cecilia tuvo miedo de que se tratara de una obra diabólica; lo mismo monseñor Tei, quien le sugirió abstenerse hasta cuando hubiera visto claramente que eso era voluntad y obra de Dios. 'Pero si es el demonio, usted debe haberlo reconocido', escribe Gema. Padre Germano, 'dígame si es él, y entonces no volveré a mandarlas'.

Por otra parte, la señora Cecilia le escribía: 'Me parece soñar, y también a monseñor, pero Dios lo puede todo'.

Este procedimiento de Gema no era continuo, pero de las cartas confiadamente entregadas al ángel, que el padre Germano llamaba 'cartas angelicales', ninguna se perdió.

Antes de llamarlas 'cartas angelicales', el Padre pensó mucho, dudó mucho y rezó. En un primer momento, él también creyó ver en este hecho insólito la intervención de Satanás. Por tanto, le recomendó a Germano entregarles cerradas, a la señora Cecilia, las cartas que deseaba que le llegaran de manos del ángel, diciéndole luego que las tuviera bien cerradas y escondidas, sin que Gema lo supiera, de modo que si el Señor quería hacer el milagro, lo haría. Y comenzó entonces la serie de pruebas irrefutables de las cuales citaremos dos solamente.

El 12 de junio de 1901 Gema, muy obediente, le entrega la carta a la señora Cecilia. Ésta, secretamente, se la entrega a don Lorenzo Agrimonti, quien la encierra bajo llave en una cajita en su alcoba y se echa la llave al bolsillo.

El día siguiente por la tarde, Gema está en la huerta con el último niño en brazos, cuando llama la señora Cecilia y le dice que ha visto al ángel con la carta en la mano. Van a observar y realmente la carta ha desaparecido. Se supo más tarde que había llegado exactamente a su destino.

El padre Germano, siempre dudoso, le pidió con fe y humildad al Señor por una sola vez una señal que lo sacara de sus dudas. La señal era ésta: que su buen ángel, por una vez, le hiciera llegar de manera extraordinaria la carta de Gema, no por la vía ordinaria como siempre lo hacía.

El 22 de junio de 1901, Gema incluyó en un mismo sobre, para confiarlas al ángel custodio, dos cartas: una para el padre Germano y la otra para la madre Josefa, pasionista de Tarquinia; pero, de acuerdo con la orden recibida, las entregó a la señora Cecilia. Ésta, sin que Gema lo supiera y con la colaboración de don Lorenzo, las escondió muy cuidadosamente en la alcoba de él, el lugar más hermético de la casa, colocándolas además entre dos imágenes, una de san Gabriel y la otra de san Pablo de la Cruz.

El día siguiente, hacia las dos, mientras la señora Cecilia estaba hablando con su sobrino mayor en el comedor y Gema estaba sentada en el sofá de la sala adjunta, oyó que la llamaba con afán, para decirle que la carta había sido despachada, la había visto en la mano del ángel. Como siempre, la señora Cecilia se mostró tranquila e indiferente pero llamó a don Lorenzo y fue con él a buscar la carta pero sólo encontró las imágenes. La carta había desaparecido. Ambos lloraron de la emoción.

La carta llegó y esta vez hasta Germano la recibió de la mano del ángel como él había pedido, durante mucho tiempo. Le escribió así a la madre Josefa: 'Ambas cartas la suya y la mía, me fueron traídas por el ángel custodio'.

¿Cómo? El padre Germano, celosísimo en todo lo que tuviera que ver con él, nunca lo dijo. Se habló de una carta que él oyó caer sobre su escritorio esa noche hacia la media noche, mientras desde su lecho se unía espiritualmente a los hermanos que se encontraban en el coro rezando maitines, pero el superior dijo que exactamente durante los maitines, un desconocido había timbrado en la portería del Retiro de Tarquinia, donde entonces se encontraba el padre Germano y había pedido con urgencia que lo llevaron a la celda de éste, pues tenía que entregarle un sobre.

El hecho fue que desde ese día el padre Germano ya no dudó y le dio a su hija espiritual amplia libertad para valerse de su buen ángel".

LOS HERMANOS DEL INFINITO

Mirando el cielo lleno de estrellas uno piensa: "Cuánta presunción en el hombre que cree ser el único habitante en este espacio infinito, él, pequeño átomo imperceptible en el granito de arena llamado tierra".

Un sabio, consciente de que la vida es única, aunque tenga muchas manifestaciones, oraba así: "A vosotros dirijo mi pensamiento, hermanos de lo infinito, habitantes de esas esferas de luces lejanas. Invoco la comunión de amor con vosotros que, tal vez alguna vez, pisasteis los caminos de la tierra, y conocisteis nuestros problemas. Vosotros sentís mi llamado y escucháis el pensamiento que os dirijo, aunque si no podéis manifestaros a mí que todavía soy incapaz de entender, que yo pueda recibir vuestras vibraciones y escuchar vuestras transmisiones por medio de la intuición, aunque ignore su procedencia.

Mi pensamiento está dirigido a los maestros de las más remotas regiones de los espacios y a los maestros de la tierra, visibles e invisibles. Las distancias y las divisiones son tan solo apariencias inexistentes en la vida única. Que la comunión con el Todo y con todos nunca llegue a finalizar, sino que se alimente para siempre en el Amor y en la armonía como canal para una vida siempre más elevada en las vías del espíritu".

LOS PODERES DE LOS GUÍAS

Durante los años de mi búsqueda espiritual tuve la suerte de ver cosas maravillosas y de asistir a fenómenos que trascendían todas las leyes físicas, porque obedecían a leyes superiores que el hombre ignora. Asistí y me sucedieron numerosos hechos que sólo pueden explicarse con la intervención de colaboradores invisibles que operaban según leyes desconocidas para nosotros.

Así, vi las varias etapas de la formación de objetos mientras se plasmaban en las manos del médium, que en el momento se habían vuelto luminosos y chispeantes, objetos de toda especie, todavía calientes, que aparecían donde nunca habían estado antes y provenientes quién sabe de dónde, desmaterializados antes y luego rematerializados[2].

Sé que el testimonio ajeno sirve solamente para asombrar a algunos, pero deja indiferentes o escépticos a otros. Tan solo la experiencia personal es decisiva; y ni siquiera esto lo es para todos, sino para el que tenga disponibilidad de ánimo. En

---

[2] Ver *Dai mondi invisibili, Incontri e colloqui*. Ediciones Mediterranee, Roma 1985.

verdad hay quien, después de haber visto, les atribuye los fenómenos a factores humanos, a los poderes del hombre, porque no sabe mirar más allá. En una ocasión tuve problemas por no saber manejar el automóvil, y conduje un Alfa en el tráfico romano, sin la llave de encendido, que había echado al bolsillo. Esto durante más de media hora, sin el mínimo inconveniente. Participar en el gran trabajo de la evolución es la principal tarea de nuestros guías. No es el ocio feliz de los "paraísos" prometidos con que sueñan las muchedumbres en la irrealidad del descanso.

Esta participación, que es el amor verdadero, se explica con la ayuda que ellos les dan a los menos evolucionados, respetando siempre la libertad de cada uno. El conocimiento de las leyes superiores, en relación con la alta evolución alcanzada, les da la capacidad para actuar sobre la materia, de modos muy diferentes de los nuestros.

Curar una enfermedad, mover objetos distantes, hacer que aparezcan otros, materializar y desmaterializar cosas, etc., son cosas fáciles o normales para el que es capaz hasta de resucitar los muertos.

Los que nosotros llamamos impropiamente "prodigios" o "milagros" son sencillamente la acción de estos espíritus elevados que están por encima de la materia, mediante conocimientos superiores, pero siempre en el ámbito de las leyes de la naturaleza.

De la misma manera, nuestros antepasados, cuando no se conocía nada de motores, habrían considerado prodigio el vuelo de un avión o el paso de un auto por una carretera.

He constatado mil veces que la ley de la gravedad y la de la impenetrabilidad, como las otras leyes físicas, son tan solo relativas a nuestra dimensión, y tienen escaso valor. He visto volver completamente restaurados objetos que ya no servían; máquinas que ya no funcionaban; aparecer imágenes donde antes no estaban; desaparecer papeles y objetos; a personas afectadas por enfermedades, curarse sin intervenciones médicas; objetos que se vuelven invisibles en el momento preciso; pinturas realizadas por quien nunca estudió pintura.

El poder de los cooperadores invisibles deriva del conocimiento de leyes superiores que poseen como atributo natural de su evolución más avanzada. Esto les permite actuar sobre la materia de un modo que nos parece prodigioso.

Quienes hablan de "sobrenatural", razonan con esquemas parciales y no se dan cuenta de que los planes de la vida son muchos y tienen sus leyes en la unidad de la naturaleza.

Los Grandes Espíritus tienen un poder evidente sobre los componentes de los átomos de la materia. Para ellos, la transformación de estos componentes debe ser tan fácil como para nosotros utilizar los objetos de uso común. Proclamamos impropiamente el milagro. Es tal, para nosotros que no conocemos las leyes con las cuales ellos actúan.

LA TAREA DE LOS GUÍAS

En el dolor y en la alegría nuestros guías están con nosotros. Quien guía señala la meta que hay que alcanzar y el camino que hay que recorrer, sin remplazar a quien debe realizarlo.

El camino siempre hay que transitarlo solos para aprender con el logro personal, como el alumno que debe llevar a cabo su aprendizaje individual. Cada hombre vive las experiencias necesarias para su evolución personal, aun las desagradables. Precisamente en estas experiencias no le faltan la asistencia y la ayuda; entonces se necesita más la protección del guía.

Nosotros tenemos que actuar para modificar nuestro karma anterior y crear el nuevo. Los guías ayudan a sobrellevar el peso, pero no operan en el sentido contrario. Nunca interfieren, ni obligan, sino que le dejan a cada uno la completa libertad de seguir o no sus enseñanzas. Lo hacen con mucho amor, insinuando pensamientos que dan fuerza y tranquilidad, aun en medio del sufrimiento.

No nos atormentemos por cosas de poca importancia. Pasamos nuestros días preocupándonos por futilidades, durante años nos afanamos por problemas que consideramos importantes; nuestra existencia se sumerge toda en las sombras astrales de la duda, de las preocupaciones, del sufrimiento.

El tiempo que pasamos resolviendo problemas que consideramos difíciles, podría emplearse mejor en otras conquistas, si no fuéramos tan poco evolucionados espiritualmente. Si lo pensamos bien, nuestra condición humana es la de quien acaba de salir del nivel animal y se empeña en entrar en el nivel de la razón, para subir luego al más alto de la autoconciencia, del dominio de sí mismo y de la intuición. Hay inteligencias superiores, para las cuales nuestros problemas son pequeñeces, como les sucede a los hombres geniales que sobresalen exactamente por la característica de ver de inmediato, intuitivamente, la solución de los problemas en los cuales otros bregan años. Nuestra evolución se completa exactamente en el esfuerzo de resolver estos problemas. Nuestro empeño, la aplicación en esto, abre en nosotros los centros aún cerrados, despierta lo que duerme en nosotros y afina con el ejercicio lo que de otra manera se oxidaría y se estancaría.

Los grandes espíritus, desde sus planos elevados, ven nuestras faenas como nosotros vemos las de los niños, y nos ayudan en este proceso de crecimiento como la madre sigue amorosamente a su pequeñín.

Nuestros guías miran y vigilan nuestro trabajo como lo hacen los maestros con sus discípulos. En la gran armonía del universo, aun visible, interviene la jerarquía de amor que controla las actividades de cada plano. Así sucede no solamente entre los seres de un mismo plano, sino entre todos los planos de la vida, entre los cuales hay una unión muy estrecha. Por este lazo de amor, linfa vital que alimenta la vida infinita, se realiza la evolución y el progreso de todo lo que vive.

LOS ADMINISTRADORES DEL DESTINO

El destino de cada hombre no queda al azar de fuerzas desordenadas y confusas, sino que es regulado por leyes, y la principal es la de causa y efecto. No existen fuerzas ciegas: todas obedecen a leyes, aun aquellas que parecen golpear ciegamente. Nada puede estar fuera de ellas, desde el átomo hasta las galaxias. Las fuerzas son movidas por cada uno: nos encontramos como delante de un gran mecanismo del cual conocemos tan solo algunas funciones. Por esto, la vida del hombre es, ante todo, escuela de experiencia.

Dada nuestra ignorancia, es posible que no preveamos las consecuencias de nuestras acciones. Por eso nos colaboran nuestros hermanos mayores, nuestros guías, quienes en cierto sentido administran nuestro karma, pero no pueden actuar fuera de éste. Si todo se dejara a nuestro libre albedrío, no tardaríamos en autodestruirnos.

El destino no es algo que alguien nos impone desde el exterior, sino un plan del cual somos colaboradores, cada uno en la parte que le corresponde, insertado en el Plan Divino, el mayor. Dentro de aquél somos libres de actuar, y las cosas dependen solamente de nosotros. El Protector Invisible, el administrador del karma, esto es, del destino, le confía a cada uno su parte congenial, de acuerdo con su propio nivel evolutivo. En este cuadro del diseño superior se colocan todas las acciones de los hombres.

EN QUÉ CONSISTE LA AYUDA

Los guías son quienes ejecutan el karma del grupo o de cada persona: ésta parece ser su tarea .

En Oriente se llaman maestros del karma, esto es del destino, a quienes coordinan los efectos que inciden sobre los hombres. Ellos, con su discernimiento, saben distribuir y graduar la carga kármica entre la humanidad y entre los individuos en particular. Es una acción importante porque si el karma volviera a caer de improviso y en su totalidad, quedaríamos aniquilados. Nadie podría soportarlo. Por eso el karma se reparte en el tiempo y en vidas sucesivas hasta su agotamiento. Quienes están al frente de esta tarea, lo hacen con mucha sabiduría, según su altura espiritual.

Su ayuda consiste también en evitarle al protegido todo aquello que no forma parte del karma, dado que ningún mal podrá golpearnos si no lo hemos alimentado con nuestras acciones negativas.

La asistencia y la ayuda consisten también, y especialmente, en las enseñanzas que se nos dan a través de mil canales. Recordemos que está comprobado, aun científicamente, que la mente es una estación receptora y trasmisora. Por este medio las comunicaciones son más frecuentes de cuanto pueda imaginarse. Las personas pueden llamarlas inspiraciones, iluminaciones, intuiciones, etc., pero estos son los medios más frecuentes a través de los cuales se dan las comunicaciones entre el mundo invisible y el ser humano. Es el canal más común, verdadero y real, ignorado tan solo por quien nunca ha tenido en cuenta éste como uno de los hechos más importantes y, ciertamente, elevados de la actividad humana.

Es una ayuda salvadora en mil circunstancias de la existencia, cuando es suficiente una idea, una inspiración, para superar en situaciones peligrosas, complicadas y aun trágicas. ¿Quién no ha vivido momentos en los cuales una iluminación providencial ha hecho aparecer la solución precisa en el momento preciso? Hemos ignorado o conocido solamente después que el pensamiento y la sugerencia llegaron desde ese mundo invisible, poblado de seres hermanos que vigilan con amor sobre el inquieto mundo de los hombres.

Su acción hacia los que necesitan un guía, asistencia y ayuda, se dirige hacia el plano humano menos desarrollado, formado por hermanos más pequeños que requieren aprender de los que han recorrido antes el mismo camino y conocen todos los detalles del sendero.

La asistencia que recibimos constantemente del que está más alto, se basa en tres hechos esenciales de la vida universal:

1. La tarea de los seres más evolucionados es la ley del amor que ellos viven en la practica más real, porque ésta es su tarea primaria y esencial.

2. El conocimiento de las leyes de la naturaleza, desconocidas para nosotros, los pone en condiciones de actuar sobre la materia, produciendo efectos que nos asombran.

3. Los poderes que poseen, relacionados con la evolución alcanzada, los capacitan para realizar lo que nosotros llamamos "prodigios".

Ojalá sean para ti luces que iluminan la vía que tienes que recorrer, y te indiquen la meta que debes alcanzar. Las enseñanzas de sabiduría que han dejado y, especialmente, su ejemplo son nuestra orientación. Estúdialos siempre con amor; busca en ellos la luz que poseen. Han servido no solo a sí mismos en las luchas de la existencia, sino que las han aportado a los que los seguirán, recorriendo su mismo camino.

Encuentra en ellos consuelo para tu fatiga, incentivo para continuar tenazmente, pues conducen a una meta luminosa que será la alegría y la felicidad verdaderas. Sólo hasta cuando hayas entrado totalmente en la luz, tendrás necesidad de ser guiado, ayudado, protegido.

LA AYUDA NO ES UN PRIVILEGIO

Quien considere estas intervenciones como un privilegio, demostrará con ello que no ha entendido su finalidad. En el entorno de la vida del espíritu, donde la justicia es soberana no existen privilegios. Todos son igualmente predilectos porque todos son hijos del mismo Padre, y no hay hijos e hijastros. La finalidad de toda intervención y de toda ayuda que las entidades superiores le dan al hombre es la garantía y defensa del proyecto llamado destino.

La existencia humana es un recorrido accidentado. Quien va de un lugar a otro encuentra a veces una subida, otras la bajada o la llanura, las curvas y los tramos rectos. No faltan los obstáculos ni los callejones ciegos, y siempre puede encontrarse la salida.

Todos tenemos nacimiento y muerte, pero ellas suceden para cada uno en momentos diferentes. Todos vivimos momentos felices y momentos tristes, así como hay días serenos y de tempestad.

Quien desconoce este motivo cuando mira a los que gozan mientras él llora, clama por la injusticia, el privilegio, y no piensa que existe un tiempo para cada uno, que la persona para madurar, como los frutos del campo, necesita las cuatro estaciones, y que son necesarios tanto la primavera y el verano, como el otoño y el invierno.

La existencia es sólo una escena de un drama más grande, compuesto de muchas escenas... Quien ignora la verdad de la reencarnación no puede entender plenamente los fenómenos de la vida.

No sería solamente un privilegio absurdo sino una verdadera e impensable injusticia, que la ayuda se les otorgara a unos y se negara a otros. No existe para nadie la inmunidad del privilegio, sino un amor infinito para cada uno sin distinción.

Nos sorprendemos ante hechos extraordinarios en que una visible protección nos preserva de un mal, pero esto sucede para que nos sintamos llamados de nuevo a realidades superiores a las mezquinas vicisitudes cotidianas.

El hombre despierta su conciencia graciosa con fuertes sacudidas, de lo contrario se quedaría dormido por mucho tiempo.

Si uno perece mientras otro se salva, obra la ley de la más elevada justicia en virtud de la cual en un determinado momento sucede lo que tenía que suceder para el bien de uno y se realiza lo que es más ventajoso para la evolución tanto del que perece como del que se salva.

Perecer o salvarse son términos relativos, referidos con demasiada frecuencia sólo a la vida física, que es un medio y no un fin, y correspondientes al limitado juicio humano de escasa significación y de ningún valor frente al fenómeno de la gran vida que no tiene fin.

No existe hombre que pueda considerarse inútil: cada uno tiene su razón de ser, su tarea. A cada uno se le ha atendido con justicia, aun cuando las apariencias a veces parezcan mostrar lo contrario. En cada uno existen las mismas potencialidades y todos somos llamados a alcanzar el mismo fin. Ninguno, ni el último de los desheredados y aparentemente marginados, carece de importancia.

Nadie es olvidado, y a cada uno en particular provee el Invisible, según la ley del amor que preside todas las manifestaciones de la vida. Desde el comienzo de los tiempos, se espera el regreso de cada uno a la casa común después del viaje en el tiempo, a través de la ilusión, ya que todos somos hijos del mismo Padre.

INVOCACIÓN DE LOS GRANDES ESPÍRITUS

Nuestros antiguos padres, antes de cualquier actuación, acostumbraban invocar la ayuda de los dioses. No solamente los senadores, los cónsules o los que presidían la cosa pública, sino también los oradores y poetas empezaban con una invocación a las musas. Pedían inspiración y asistencia, reconociendo que desde lo alto puede llegar la ayuda necesaria para realizar lo que, a causa de la insuficiencia de las propias fuerzas, el hombre es incapaz de hacer.

La sociedad actual, formada por hombres inutilizados por un escepticismo volteriano, se dirige hacia abajo y no hacia lo alto, porque ha perdido la orientación correcta y ha olvidado dónde está la verdadera fuente del ser. Las leyes de la vida son tales que cada plan de la existencia está comunicado con el otro, de modo que haya una mutua alimentación.

Si esto es verdad para todos, incluidos para los seres que no son conscientes de ello, mucho más para quien tiene conciencia de las leyes naturales y de sus acciones. La invocación de los grandes espíritus es el contacto preciso para tomar las energías que el hombre necesita en su propio plan, cuando el esfuerzo es más agotador.

El contacto con los grandes espíritus debió ser la alegría de los sabios, de los santos de cualquier religión y de los verdaderos yoguis que al culminar en el éxtasis y en el *samadi*, los hacía bienaventurados. Es la alegría del sediento cuando llega a la fuente donde puede satisfacer la sed que lo quema.

El contacto con los grandes espíritus que han dejado entre nosotros una estela de luz, aun con el solo pensamiento, es una de las grandes alegrías de la existencia humana. El contacto con los seres de esas altura, aun cuando no hayan vivido necesariamente sobre la tierra, es un potente estímulo que infunde fuerza y tranquilidad. Es un contacto real, no imaginario, porque el pensamiento es energía vital que penetra en nosotros la vibración y la armonía de esos altísimos niveles.

Detener a menudo el pensamiento en ese mundo donde no hay conflictos, donde los espíritus están unidos por afinidad, que no es una uniformidad monótona sino diversidad en una única armonía, como un cuadro maravilloso de muchos colores bien combinados o como una orquesta que produce sonidos diferentes pero bien armonizados, establecer una comunión con ellos, es recibir la vibración que desde allí se transmite y cuyos beneficios reales y concretos experimentaremos.

Quien fija el pensamiento en ese mundo ideal goza de su alegría, que aumenta cuando se repite y prolonga.

Si aprendes a mantener una relación constante con ellos hasta llegar a establecer una unión de espíritu, la vida se transformará porque ésta recibirá el influjo que impregnará todo tu ser. Si te acostumbras a esto, nunca te sentirás solo.

En el coloquio del alma descubrirás aspectos impensables de la vida porque percibirás la respuesta de tus pensamientos, escucharás a alguien que te sugiere ideas que no pertenecen a la manera ordinaria de pensar. Encontrarás tu descanso total en este coloquio del alma, una alegría entre las más hermosas de la vida. Como la rosa que se abre al rocío de la mañana, podrás decir entonces: "Habla, Señor, que tu siervo escucha".

Quien vive en este plan de luz vislumbra la verdadera vida, disfruta anticipadamente de la alegría de que gozará cuando esté libre de la pesadez de la tierra. Ésta será la realización de una experiencia feliz, un anticipo del futuro, en este mundo de contrastes y luchas.

Quienes nos han precedido...

*...y todos vuestros muertos están alrededor de
vosotros, vigilantes y bienaventurados.*

KAHLIL GIBRAN. *El Profeta.*

La creencia en la supervivencia es la primera certeza interior
que hay que conquistar para actuar activamente en el bien: es
la base de todo, y sin ella, cualquier otro discurso es inútil.

Quienes no la tienen, no son culpables de eso, como no es
culpable el botón de la rosa que todavía no ha abierto sus péta-
los al Sol, ni el niño que aún no ha llegado a ser adulto. Pero los
que combaten esta verdad no saben lo que hacen, actúan por
fuera de su derecho como quienes en otros tiempos perse-
guían el que no profesaba su fe.

Cuando llegue el tiempo, y llegará a cada uno, todos enten-
derán: para ellos la vida se abrirá a un panorama nuevo, diferente del estrecho de quien no tiene una visión más amplia.

Cada uno debe conservar las certezas que lo satisfacen, porque cada creencia contiene un elemento benéfico para quien

la posee. Pero es un derecho, y un deber de cada uno, buscar siempre más, sin cansarse si no encuentra en sus propios conocimientos, elementos de apoyo y de tranquilidad.

EL ESTADO POST MÓRTEM

La banalidad del juicio común juzga el tránsito de esta existencia como una desgracia. En realidad, es tan solo una continuación del camino hacia la luz. Si la energía, es decir, la vida, no muere nunca, ¿por qué llorar y considerar que hemos perdido a quienes han ido al más allá? Cuando el hombre aprenda a dar el justo valor a las cosas, entenderá esta gran verdad.

El dolor natural, comprensible y humano, que causa la separación de las personas queridas, será mitigado en los que tienen esta convicción. Pero acerca del *después de la muerte* existen unas de ideas tipo que debemos cuestionar, tanto de quien ha aceptado pasivamente lo que le han ordenado creer, como respecto de los que no creen en ellas. La existencia después de la muerte es muy diferente de aquella a la que estamos acostumbrados a creer, de acuerdo con las religiones dogmáticas y populares. Cuando abandona el cuerpo físico, después del *shock* inicial y el reposo necesario, el hombre sigue siendo espíritu como era y continúa actuando según su nivel evolutivo.

En la esfera más cercana al mundo de los vivientes se encuentran los espíritus errantes, atados a la tierra por sus propios vicios, por los bajos deseos insatisfechos, por sentimientos de odio o de venganza. Los espíritus que no se han desarrollado permanecen ligados a la tierra, no tienen el beneficio del sueño reparador y por tanto perseveran en la ilusión de creerse todavía vivientes; son espíritus que ocasionan daño. Son una verdadera desgracia para los desprevenidos que buscan su contacto.

Existen también cáscaras astrales y larvas errantes en vías de disolución, que puede encontrar su alimento en hombres embrutecidos por los vicios. Existen los "medium", cuya personalidad todavía ruda e ignorante atrae a estos seres, por afinidad. Solamente para los medium sanos moralmente esto no sucederá nunca, porque están protegidos por su karma.

Existen también los espíritus elevados, que durante su vida dieron prueba y ejemplo de amor, de entrega, de elevada comprensión. Son estos los espíritus cuyo contacto buscamos; hubiéramos sido muy felices de conocerlos y acercarnos a ellos cuando todavía estaban entre nosotros. Ahora, mientras se encuentran en otra dimensión, podemos establecer contacto con ellos, con tal de que sepamos invocarlos dirigiendo hacia ellos nuestro pensamiento. Ellos están dispuestos a nuestro llamado porque para ellos la ley del amor es la ley de la vida.

EN LOS ANTIGUOS MISTERIOS SE MANIFESTABAN LOS ESPÍRITUS DE LOS DIFUNTOS

La obra de los espíritus sobre los hombres es la manifestación de la gran ley de solidaridad que une a la humanidad terrenal con la de los planos más elevados de la vida. Los espíritus superiores, animados por el deseo de cooperar en la elevación de los otros seres necesitados de luz y de ayuda, caminan con los que están en capacidad de recibir los influjos benéficos.

La ciencia secreta que se enseñaba en los antiguos misterios se apoyaba también en las comunicaciones con estos mundos superiores, y era practicada por aquellos que estaban preparados para ello.

La intervención de los espíritus en las cosas humanas forma parte de la gran ley del amor que gobierna la vida y los universos, sin la cual se disgregaría. Ésta fue una verdad sobre la que existía certeza desde los tiempos más remotos en todos los pueblos, pero, lamentablemente, los hombres moralmente poco evolucionados, también practicaban contactos con espíritus de escasa evolución.

En los antiguos misterios sucedían contactos con entidades que daban enseñanzas superiores, eran guías en el camino del espíritu para aquellos que debían conservar y transmitir esa luz de verdad.

Proclo escribe: "En todos los misterios los dioses se manifiestan de muchas formas; aparecen con figuras diferentes, y toman la forma humana". La palabra dioses, en este caso, indica los espíritus con los cuales entraban en contacto en esas reuniones. También Plutarco afirma que durante los misterios los iniciados se comunicaban con las almas de los difuntos: "A menudo espíritus excelentes se manifestaban durante los misterios, aunque a veces también los perversos buscaban introducirse en ellos".

Cuando los griegos, en Maratón y Salamina, rechazaron victoriosamente la invasión de los persas, tenían la certeza de que las potencias invisibles estaban con ellos y sostenían sus esfuerzos. Dos guerreros resplandecientes de luz fueron vistos combatir en sus filas en Maratón. Diez años más tarde, en Delfos, la pitonisa, inspirada por los dioses le indicó a Temístocles los medios para salvar a Grecia de la gigantesca armada asiática. Un puñado de hombres valientes pusieron en obra lo que se les había dicho, y sobre la roca de la acrópolis hicieron sus ofrendas a Palas-Atenea, divinidad tutelar, símbolo de la potencia espiritual victoriosa sobre la fuerza material de las armas enemigas. Los griegos eran conscientes de la ayuda que les llegaba de las potencias superiores, a ellos que eran portadores de una civilización que no podía ser subyugada por la barbarie invasora.

Escribe León Denis: "La participación en los misterios contribuyó mucho a la difusión de estas ideas; ella desarrollaba en los neófitos el sentido de lo invisible, y desde ellos, en formas diversas, se difundía entre el pueblo, dado que en todas partes, en Grecia, Egipto y en India, los misterios consistían en una misma cosa que era el conocimiento del secreto de la muerte, la revelación de las vidas posteriores, la comunicación con el mundo oculto. Estas enseñanzas y prácticas producían una profunda impresión en las personas y daban una paz, una serenidad, una fuerza moral incomparables".

Más todavía: "La ciencia de lo oculto formaba parte de una de las ramas más importantes de la enseñanza secreta: ella había sabido desarrollar la ley de las relaciones que unen el mundo terrestre con el mundo de los espíritus por medio de los fenómenos".

En los Veda, los libros sagrados más antiguos de Oriente, está escrito: "Mientras se lleva a cabo el sacrificio, los Asuras o espíritus superiores y los Pitras, almas de los antepasados, rodean a los asistentes y se unen a sus plegarias".

ES POSIBLE COMUNICARSE CON LOS DIFUNTOS

Ernesto Bozzano, uno de los precursores de la investigación psíquica, se ha dedicado durante 45 años, cada día y cada hora, al estudio de los fenómenos, y después de largas investigaciones ha llegado a la afirmación documentada de la supervivencia; al comienzo era incrédulo y escéptico.

Ha examinado muchísimos sucesos de afecciones, de bilocación, de identificación de espíritus desconocidos para los médium y los asistentes, de apariciones de difuntos junto al lecho de muerte, de fenómenos de xenoglosia (conversaciones en lenguas desconocidas para los médium), de telepatía, de comunicaciones entre vivos, etc.; innumerables fenómenos que él ha comprobado muy bien, examinando todas las hipótesis. Ha experimentado voces directas, materializaciones, anuncios, apariciones, correspondencias cruzadas; sucesos que causan asombro, que sacuden a quien no esté envuelto en incredulidad preconcebida; un material enorme, inventariado, que no puede ignorar quien se ocupa de investigación psíquica y quiere encarar el problema del alma con espíritu abierto.

Ernesto Bozzano ha escrito miles de páginas traducidas a muchas lenguas; es reconocido en todo el mundo, excepto por algunos que tratan la psique desconociendo lo que han realizado sus predecesores, y sin haber experimentado nunca con seriedad.

Bozzano ha estudiando con especial cuidado los fenómenos de carácter claramente espiritualista que no se explican con las teorías psicológicas, ni con las numerosas hipótesis que son insuficientes para comprenderlos.

Este ilustre estudioso italiano fue un espíritu abierto a todas las ideas porque buscaba la verdad; al contrario de algunos parapsicólogos de postura estricta que han sido catalogadas como "puertas cerradas" por rechazar las ideas espirituales, negar lo que no comprenden y no aceptarlas por principio: plantean las hipótesis más inverosímiles como verdades comprobadas, sin aportar la mínima prueba. Para ellos, lo más importante es negar la comunicación con los espíritus.

Sus pretendidos ataques en nombre de la ciencia no tienen ningún fundamento científico. Quienes pretenden explicar todas las manifestaciones paranormales con hipótesis animistas y naturalistas para negar la tesis espiritualista, nunca han investigado seriamente.

Bozzano ha demostrado en un libro famoso, *¿Animismo o espiritismo?*, que el animismo, la teoría que afirma que todo se deriva de la presencia de facultades paranormales en el hombre, prueba el espiritismo, esto es, la intervención de los espíritus.

¿Si el hombre tiene en sí tantos poderes mientras vive, por qué no debería tener otros muchos, aún más grandes, cuando se encuentre libre de las ataduras del cuerpo y de las estrecheces del espacio y del tiempo?

Quien quiera abordar seriamente problemas tan importantes, encontrará en la obra de este estudioso un ejemplo y un guía, siempre y cuando tenga el espíritu abierto y libre de prejuicios. Los que tienen fines distintos de la búsqueda de la verdad, jamás llegarán a nada positivo.

Pero la sustancia del problema para muchos opositores es otra: ellos no creen en Dios ni en el espíritu. Son enemigos de la supervivencia y ni siquiera creen en la existencia del alma. Y entonces, ¿cómo pueden admitir las consecuencias si no aborden las causas? Es natural que rechacen la hipótesis espiritual en el examen de los hechos. Hace algún tiempo negaban los hechos mismos, luego, obligados a rendirse ante la realidad, acudieron a diversas hipótesis que distorsionan los hechos para escapar a las conclusiones que temían.

Quien quiera profundizar en las investigaciones, encontrará en los libros de Ernesto Bozzano una verdadera cantera de sucesos en los cuales se narra la asistencia constante de los difuntos a quienes han dejado sobre la tierra. Encontrará también una cosecha de enseñanzas y reflexiones preciosas.

Remitimos al lector a la obra de este estudioso porque sería demasiado extenso referenciarla aquí. Quienes nos han precedido están en comunicación constante con nosotros que todavía permanecemos aquí enfrentando los problemas de la existencia terrenal, necesarios para nuestra evolución.

Existen también numerosos trabajos, que comprueban lo anotado, realizados por círculos espiritualistas que durante muchos años han tenido contactos con el más allá, al más alto nivel. Señalamos al lector, como ejemplo, el *Cerchio Firenze 77*, que ha reunido en varios volúmenes muchas enseñanzas con el título *Dai mondi invisibili. Incontri e colloqui* (Edizioni Mediterranes, Roma), *Oltre e illusione* y *Per un mondo migliore*. Mensajes de alto nivel espiritual que son una ayuda efectiva para caminar por los elevados caminos del espíritu, contienen estos libros. De esto existe una cosecha abundante, en muchos idiomas, de la cual puede sacarse nueva energía para nuestra existencia tan sufrida.

LA ASISTENCIA DE NUESTROS DIFUNTOS

Hace años, el filosofo francés Gabriel Marcel presentó un libro *Au diapason du ciel* que en español se titularía *En las esferas del infinito*. Fue escrito por Marcelle De Jouvenel, pero sería mejor decir que le fue dictado a ella porque se trata efectivamente de mensajes dictados desde el más allá por su hijo Roland, fallecido el 2 de mayo de 1946 a la edad de quince años.

La madre, angustiada por la pérdida de la única criatura que adoraba, había llegado al límite de la desesperación cuando, comenzando a escribir un diario, se dio cuenta de que su mano se manejaba sola, escribía cosas que no salían de ella. Escribía de noche, cuando sentía un impulso: eran consejos del hijo a la mamá, reflexiones de un elevado nivel espiritual sobre la vida del más allá y también recuerdos del pasado.

Para ella fue el comienzo de una vida nueva, un verdadero renacer al sentir la presencia de un hijo a quien pensaba había perdido.

Libros como este que señalan la presencia continua y la asistencia de nuestros difuntos, son ya numerosos en la literatura de nuestros tiempos.

En esta época crucial de la historia humana parece que el Protector Invisible está más cerca que nunca de los hombres, para asistirlos en las pruebas cada vez más complicadas que deben afrontar.

LOS CONTACTOS CON EL MÁS ALLÁ

Los contactos con el más allá pueden ser espontáneos como los que llegan a través de los sueños, la inspiración, etc., o provocados, como los efectuados a través de las prácticas espiritistas ultrafánicas (médium).

La historia está llena de estos hechos, comenzando por la Biblia que cita numerosos casos de uno y otro tipo. En los diferentes institutos de investigación psíquica del mundo existen documentaciones amplias de diverso género. Son miles los hechos que pueden estudiarse en las colecciones de revistas, en las actas de los congresos, muchos de interés excepcional.

El estudioso que busca la verdad con actitud abierta y sin prejuicios cientificistas, disimulados en una supuesta investigación parapsicológica, que sólo va a confirmar prejuicios materialistas, encontrará en ella abundantes motivos de reflexión y de meditación. Existe también quien ha sacado gran provecho en la práctica directa mediante un sincero ejercicio personal como médium.

Esto podrá ayudar cuando se tenga como finalidad la búsqueda de la verdad, pero infortunadamente muchas de estas prácticas dan resultados banales y de escaso valor conceptual, cuando además de ser deficiente la estación transmisora, interfiere el pensamiento del médium y de los asistentes.

Aun cuando la estación transmisora es elevada, encuentra obstáculo en los participantes que todavía no se han liberado de intereses egoístas y, por tanto, están buscando ventajas personales o los mueve la curiosidad de sucesos futuros.

Puede sacarse el mayor beneficio, hasta lograr un verdadero enriquecimiento para la vida personal a través de los contactos con el más allá, solamente con la condición de que la estación transmisora sea elevada y la receptora sea persona motivada por la búsqueda de la verdad[3]. Por el contrario, cuando no existan estas condiciones, pueden producirse daños incalculables.

Éstas son las razones por las cuales los contactos con el más allá deberían ser realizados solamente por aquel que está motivado por sentimientos limpios.

---

3 Ver *Cerchio 77, Otrel'illusione* y los otros libros de la misma fuente publicados por Ediciones Mediterrane de Roma.

La intervención del médium es ya un hecho conocido universalmente. Para muchos ha sido el camino a través del cual han vuelto a encontrar certezas perdidas y el estímulo hacia el bien, después de haber constatado la insuficiencia de enseñanzas seudoreligiosas para las masas.

Nadie que tenga suficiente equilibrio puede temer los contactos con el más allá, pero, naturalmente, como se haría sobre la tierra, éstos deben ser con espíritus escogidos y buenos, de quienes puede aprenderse el amor y el bien, no ciertamente con los de vida depravada.

Las iglesias, conociendo que el más allá está compuesto también por seres moralmente inferiores atraídos naturalmente por la sintonía con los que no tienen pureza de intenciones, les prohíben a sus seguidores participar en experiencias con médium. Los que reconocen la autoridad de Iglesia y piensan que deben obedecer, evitan los contactos para los cuales no están preparados.

Puede tener contactos con el más allá quien ha entendido la insuficiencia de los contactos con el más acá, el que busca la verdad con toda el alma porque se ha despertado a los valores reales de la vida y siente la necesidad de mirar más allá de los valores aparentes, que son efímeros e ilusorios.

Quien desconoce los planes del espíritu y se encuentra en la posición de un estéril escepticismo, le falta una experiencia importante en su propia existencia. Pero existen personas renuentes a ese tipo de experiencias por razones que sería inútil examinar ahora. Es bueno que se mantengan alejados. Si participaran, generarían la mayor confusión tratando sobre cosas que no han entendido y buscando realizarlas al nivel de su in-comprensión. Las ideas materialistas o seudoreligiosas, pre-concebidas y dogmáticas, impiden sacar beneficios en este campo, de la misma manera como le sucede a quien ha vivido experiencias negativas, egoístas y bajas por haberlas practica-do sin la preparación apropiada.

Para quien tiene un alma abierta, todo es una evidencia cla-ra. El que tiene trancadas sus puertas y ventanas nunca verá la luz, porque todos los problemas del hombre se resuelven des-de adentro.

Quien tiene suficiente equilibrio, grandeza de espíritu y sed de la verdad, nada debe temer de estas experiencias, antes bien podrá encontrar en estos contactos la vía luminosa para progresar espiritualmente.

Cuando uno sepa encontrar en ellas la certeza interior de la vida futura, la conciencia de la fuerza trascendente que dirige la vida y la certeza profunda de la existencia de Dios, ocurre el nacimiento espiritual del hombre: el acontecimiento más im-portante en la vida de cada uno.

LOS ENCUENTROS EN EL SUEÑO

El poeta griego Simónides encontró, durante un viaje, un ca-dáver a la orilla del camino. Según los antiguos, que tenían un sentido religioso de la vida más profundo que los hombres de hoy, los que yacían insepultos no tendrían paz hasta que alguien hubiera logrado darles sepultura.

Simónides procedió a cumplir con espíritu de compasión su deber en favor del desconocido. La noche siguiente se le apareció el difunto para agradecerle. Y para darle una señal concreta de gratitud, quiso prevenirlo sobre lo que iba a sucederle, aconsejándole que no se embarcara como había decidido hacer, porque el barco en el que iba a viajar naufragaría. Simónides tuvo en cuenta el precioso aviso y no se embarcó. Se alegró mucho de su decisión cuando supo que realmente el navío había naufragado.

Los difuntos participan en nuestras vicisitudes. Existe una extensa literatura que lo certifica e innumerables hechos que lo confirman.

Quien tenga ojos para ver y oídos para oír, debe traspasar la superficie de las cosas y estudiar los fenómenos de la vida. Experiencias personales han comprobado que nuestros difuntos nos previenen para evitar errores, a veces errores materiales.

Son innumerables los acontecimientos de la historia, de la crónica y en la vida de cada uno, en los cuales se cuenta de personas que en el sueño han recibido advertencias, consejos y premoniciones. Esto ha sucedido en forma explícita o también por medio de símbolos que hay que interpretar para entender. Los encuentros en el sueño con nuestros difuntos pueden ser fuente de enseñanzas para el que sabe entender su significado.

En relación con esto existe una abundante literatura desde los tiempos más antiguos; pero como de costumbre, los escépticos modernos han torcido su interpretación reduciendo todo al sexo, según su "elevado" concepto zoológico de la vida.

La casuística de todos los tiempos cuenta de personas avisadas en el sueño por sus difuntos, a otras se les ha hecho saber sobre testamentos, con indicaciones del lugar donde se encontraban, que ellas ignoraban completamente. Este es el famoso caso narrado por Boccaccio sobre el hijo de Dante Alighieri, quien, en medio de sueños, recibió la señal del lugar en donde se encontraban los trece últimos cánticos del Paraíso que todos creían perdidos.

Los espíritus que guían la evolución de la humanidad tienen muchas maneras de comunicarse con nosotros y utilizan muchos medios.

Si las experiencias personales valen más que cualquier argumento para convencer, tengo que afirmar que estas experiencias han afianzado en mí la convicción de que los contactos con el más allá son lo más grande que el hombre puede realizar en su condición limitada sobre la tierra. Estos contactos le muestran al hombre un panorama más amplio al permitirle contemplar la verdadera dimensión de la vida. Le dan esa fe que tiene una mayor amplitud mientras se encuentra en el espacio restringido de la prisión humana en la cual debe vivir.

Durante muchos años, en los contactos con el más allá, he descubierto una valiosa mina de enseñanzas que cualquiera puede aprovechar para renovar su vida alegremente, puesto que muchas se han impreso y difundido. Son la mayor, más verdadera y justa ayuda que los guías nos han dado porque se hacen eficaces solo con la participación activa del que la recibe, en el esfuerzo de convertirlas en práctica diaria.

En el plan estrictamente personal he experimentado varias veces sugerencias para que evitara ciertas cosas que habrían producido efectos negativos, o para que abandonara algunas actitudes o propósitos; ellas fueron el impulso para obrar de manera más eficaz.

Pero lo que más ha influido en mi espíritu es la comprobación repetida de que la ley del amor es fundamental y efectiva en todos los planos, y de que no admite excepciones. Verdaderamente es la única que mueve la vida.

En la hora final

Sobre todo en el momento del abandono del cuerpo físico, punto culminante del nuevo nacimiento, la ayuda se necesita para facilitar el paso al más allá. Los guías son entonces más activos en esta obra de amor.

En el libro *Le visioni dei morenti*, publicado en la primera edición con el título *Le apparizioni dei defuntia al letto di morte*, E. Bozzano cuenta muchos casos interesantes en los cuales se habla de entes familiares aparecidos, vistos también por aquellos que asistían a la defunción.

Para estos casos particulares remitimos al lector a los libros citados y a otro también importante del mismo autor, *La crisi della morte*, en el cual E. Bozzano refiere numerosos casos en los cuales se habla de la ayuda que dan otros espíritus a los que llegan a la otra dimensión, como a un nuevo nacimiento. Es el momento en el cual se necesita más la asistencia. Muchos ignoran que han abandonado el cuerpo físico y creen estar soñando.

La acción de los asistentes consiste en preparar gradualmente para la nueva realidad, logrando superar el extravío momentáneo, después del sueño reparador. La acción de nuestros difuntos está regulada por el karma de cada uno y ellos son de alguna manera los ejecutores más cercanos. También es interesante sobre el mismo tema el libro de C.W. Leadbeater, *Gli aiutaton invisibili* que trata especialmente de la ayuda otorgada a los moribundos por los espíritus protectores.

Las apariciones y las intervenciones más frecuentes suceden en el momento supremo, cuando el hombre soporta la transformación de la muerte. Entonces el guía, el Ángel Custodio, está presente para ayudarle al que se prepara a emprender un viaje nuevo que lo llevará a un mundo desconocido.

En el libro ya mencionado de Bozzano, *La visioni dei morenti*, se encuentran muchos ejemplos, y todos pueden fácilmente conocerlos.

En un libro de la señora Loy Snell, *La mission des anges*, ella cuenta que fue enfermera por muchos años y, puesto que tenía el don de la clarividencia, captó algunas veces las apariciones alentadoras del último momento. "Observaba a menudo —dice ella— cómo, independientemente de la condición física o moral de los moribundos y poco antes del final, parecía que ellos percibieran algún ser diferente de las personas que rodeaban su lecho, e invisible para éstas".

Ella cita numerosos casos de moribundos que después de un período de coma, en un despertar repentino fijaban los ojos en un punto de la alcoba donde notaban la presencia de un ser cuyo nombre pronunciaban y cuya vista consolaba su muerte con un momento de alegría.

Ellos te siguen

Es necesario alcanzar la certeza interior de que nunca estamos abandonados, especialmente en medio de las situaciones de amenaza y en los peligros. Esta verdad fundamental debe enriquecer nuestra vida.

Precisamente en los momentos cruciales somos ayudados por el Protector Invisible que dirige la existencia de cada uno. La paz y la seguridad están en el corazón del hombre que ha alcanzado esta certeza interior, aunque alrededor todo sea miedo, desorden y caos.

La amenaza amarga la vida de muchos y el miedo empaña su paz; la falta de certezas interiores en hombres sin ideales, les hace creerse abandonados al capricho del primer agresor.

Quien tiene fe está seguro de lo contrario: nuestra vida no depende de las circunstancias exteriores, las cuales son dirigidas por otras leyes y dependen de ellas. Esto se debe comprender para no temer. La Providencia vigilante gobierna todas las cosas, y a todos nos gobierna, de acuerdo con la energía interior de cada hombre.

Abandonarse a la Divina Providencia es el más elevado nivel de la fe; es este acto supremo el que produce la fuerza que resuelve los problemas de la vida.

La entrega sólamente se alcanza después de haber renunciado al yo personal, cuando se ha constatado su insuficiencia, y se han experimentado los límites de la personalidad. Este acto de abandonarse atrae la fuerza divina que pone en movimiento las energías de la realización.

ELLOS ESTÁN CON NOSOTROS, CERCA DE NOSOTROS

Nuestro pensamiento debe estar con los que hace tiempo vivieron con nosotros, unidos por lazos de familia y de sangre, por relaciones de amistad o de conocimiento. Ahora ya no están con nosotros en la forma aparente y visible, no los vemos, están ausentes de nuestro contacto sensible pero la unión no ha terminado, están más vivos que nunca y cercanos a nosotros aunque sean invisibles.

La sociedad de hoy es materialista, y toda referencia al después de esta existencia parece extraña y fastidiosa porque molesta el letargo moral en que está sumergida. Y no podrán entender este lenguaje aquellos para quienes la humanidad es todo y piensan en ella como en un criadero de ganado, sin alma.

Así no era ni siquiera cuando el hombre era menos *civilizado*, pues al vivir en contacto con la naturaleza era más sensible a las llamadas del espíritu.

Quienes nos han dejado conservan intacto su verdadero ser; sus energías, aun transformadas, son las mismas que mostraban cuando vivían estaban y hablaban con nosotros. Nada ha sido destruido; por el contrario, ahora son fuerzas vigorizadas y perfeccionadas.

Ellos están con nosotros, cercanos a nosotros, no aparentes, pero sí presentes; no hemos perdido los contactos, aunque no los conservamos al nivel de los sentidos, como antes. Podemos haber perdido la capacidad de verlos y de escucharlos, pero ellos se mantienen en relación de espíritu con nosotros, de sentimiento, de unión y de amor. No han perdido nada de su patrimonio de energías.

Aquellos a quienes ya no vemos han sido hombres como nosotros que conocen nuestros problemas. Aunque ya han traspasado el gran portal, no han dejado de ser y de estar en contacto con nosotros. Pueden ayudarnos.

En los momentos tristes, debemos recordar que ellos habrían venido en nuestra ayuda si los hubiéramos llamado cuando todavía estaban con nosotros en vida; hoy también vendrán si los invocamos.

Aquel que nos habría consolado con su consejo si lo hubiésemos solicitado entonces, hoy está dispuesto a darnos la sugerencia precisa. Aquellos que habrían acudido con todo el amor si los hubiéramos llamado, ahora están dispuestos a ayudarnos.

La realidad de nuestro contacto con el mundo invisible está demostrada por innumerables hechos. Aunque desde el mundo de los sentidos pueda dudarse porque está fuera de nuestra dimensión, la parte superior del hombre sabe y está en contacto con lo que vive, en especial con los seres y las cosas con las cuales vibra en sintonía.

Esta realidad es clara desde los tiempos antiguos, antes que para la ciencia o intuición de los hombres más elevados.

Después de su permanencia temporal en la tierra, el hombre lleva consigo la experiencia de la materia. La capacidad de operar sobre ella habrá entonces crecido muchísimo, porque ya no estará condicionada por las limitaciones humanas.

Hablamos, naturalmente, de espíritus elevados porque los de evolución mediocre se quedan en su mediocridad, aun después de haberse separado del cuerpo. Es bueno no tener contacto con estos espíritus y menos con aquellos que en su existencia sobre la tierra dieron señales negativas. Ellos pueden manifestarse solamente como eran y son, en la discordancia de su naturaleza.

Pero no debe confundirse el catastrófico contacto con los seres de bajo nivel astral con los contactos luminosos y benéficos de las entidades superiores. Estos contactos son la base de todas las religiones. El más allá, la invocación de los espíritus elevados, es la base del sentido religioso de la vida.

Quien ha escogido el bien como la bandera de su existencia tiene contactos solamente con los espíritus que tienen capacidades elevadas, que obran siempre el bien. Unirse a los grandes espíritus es como enchufar para tomar la corriente que pone en movimiento nuestro mecanismo, en sintonía con lo que mueve la vida en niveles más altos.

Nuestros difuntos son colaboradores invisibles que nos siguen, asisten y ayudan. Para muchos de ellos, esta tarea es esencial, y de este modo prolongan esa cadena ininterrumpida que se llama amor.

Esto es válido con la condición de abandonar las zonas en las que se estancan las muchedumbres de escaso valor evolutivo, quienes después de la muerte yacen formando un cuerpo astral nebuloso y pesado. De los contactos con estos estratos, no solo no se logrará nada bueno para aprender sino que se recibirá un daño más grave que el que se recibe de los contactos con los peores ambientes humanos.

De las zonas purísimas de la espiritualidad, sin contaminaciones ocultas puede sacarse el mejor alimento para el espíritu. Quien tenga experiencia de contactos a la altura de la más pura investigación de la verdad, habrá tenido incontables pruebas de la ayuda y de la asistencia que dan a los hombres los que nos han precedido. Estas páginas son un testimonio sobre estos temas.

En la revista *Ligth* (junio de 1939) se cuenta de un viajero que, mientras descansaba tranquilo en su puesto en un tren, vio asomarse a la puerta del compartimiento un rostro conocido. Lo reconoció como el de un amigo querido, fallecido hacía algún tiempo. Lo miró intensamente para reconocerlo mejor. Entonces el hombre le hizo una señal con la cabeza para que lo siguiera. Se levantó para ir tras él, pero el otro corría rápido hasta alcanzar el vagón de cabecera del tren y luego desapareció. El viajero desilusionado y desconcertado no pudo más que volver a su puesto. Cuando llegó a su compartimiento encontró un grupo de personas que hablaban asombrados; el vidrio de la ventanilla sobre el cual hacía un rato él reclinaba la cabeza, estaba vuelto añicos. Había un gran agujero: desde un tren de carga que acababa de pasar, había caído un tronco que al penetrar por la ventanilla había causado el daño. Si él se hubiera quedado en su puesto, habría sido golpeado de lleno por el grueso tronco, con consecuencias mortales.

CONOCER PARA NO EQUIVOCARSE

Quien empieza la práctica de los contactos con el más allá, debe conocer, ante todo, los métodos que cada tipo de espíritu emplea en sus comunicaciones, para percibir las diferencias.

La enseñanza fundamental de los espíritus elevados es el amor. Fuera de esto, no hay duda de que se trata solamente de espíritus errantes, bromistas, ociosos o negativos, cáscaras astrales en disolución, larvas.

Los guías nunca interfieren en nuestra vida, en el sentido de obligarnos a hacer algo. Las entidades inferiores imponen, a veces amenazando.

Esta es la clave para distinguirlos de los espíritus elevados. Las altas guías que se comunican con la voz interior, y a veces también con voz sonora, o de otras maneras, no obligan ni amenazan.

Es típico el caso de Sócrates. La voz no le advertía para imponerle lo que debía hacer, sino que cada vez que iba a comenzar algo que "no habría debido hacer", la voz se hacía sentir para advertirle que tuviera cuidado.

Su "Demonio", que era un espíritu familiar, lo prevenía si iba a realizar algo que no debía hacer. Calló cuando se dirigió al tribunal donde fue condenado a muerte y de esto Sócrates dedujo que debía aceptar la sentencia, porque la muerte era cosa buena y no un mal, y caminando hacia el tribunal, sabía que estaba haciendo una cosa buena. Cuando quiso preparar su defensa, sintió que era inútil.

El despertar providencial

La muerte de personas queridas ha sido para muchos la ocasión para despertar a una visión nueva de la vida. La tremenda sacudida o más bien el desgarrón violento de algo que pertenecía a la existencia propia y a los afectos personales, produce el despertar de un letargo materialista, oscuro, sin meta y sin ideales.

Aun cuando fuera tan solo ésta la función de algunos dramas dolorosos en la economía de la vida, cumplieron una función esencial. Pero no es solamente ésta la función de nuestros queridos difuntos después de su partida.

He conocido muchas personas cuyo despertar a los problemas reales ha coincidido con hechos luctuosos. Después la muerte de algún pariente han empezado a dirigir su atención a los problemas verdaderos de la existencia humana y han sacado conclusiones que han significado para ellos una nueva manera de pensar. Cuando le he hecho notar a alguien que la finalidad de algunas separaciones dolorosas parecía haber motivado su despertar, por medio de alguna acción inspiradora de alguien que ahora está en el más allá, he encontrado no solo un consentimiento favorable sino que esa persona han relatado hechos sucedidos en la familia, encuentros en sueños, coincidencias en apariencia casuales que han confirmado la verdad de que nuestros difuntos obran desde el más allá para nuestro bien.

Algunos que no creían en el más allá, al tener contactos con sus difuntos han visto abrirse un horizonte nuevo y grandioso para su vida de hoy y de siempre.

El descubrimiento de que nuestros difuntos no nos abandonan, ni siquiera después de la muerte, para muchos es el mayor descubrimiento de la vida y es el impulso decisivo para comenzar o seguir por el camino del bien, el comienzo verdadero de una existencia tranquila y llena de luz.

Para una idea sintética de lo narrado hasta ahora hay que recordar que la protección invisible puede manifestarse de muchas maneras, que podríamos resumir así:

1. Por medio de la acción de la presencia divina en nosotros.
2. Por medio de los maestros y los guías
3. Por obra de quienes nos han precedido.

Pero hay que recordar, sobre todo, que lo que más protege a los hombres de los males es el propio karma, si es positivo. Las acciones realizadas en el pasado forman nuestro destino y son una armadura contra la cual nadie puede hacer nada; ni siquiera los dioses, en el pasado, podían actuar contra él, y era llamado el hado. La conclusión natural es que solamente obrando bien y rectamente podemos construir la coraza protectora más segura contra todos los males de la vida.

LA NATURALEZA PROTEGE
A QUIEN OBEDECE SUS LEYES

> *La naturaleza es el trono exterior*
> *de la magnificencia divina.*
>
> BUFFON, *Quadrúpedes* IV, 12.

A veces se oye decir que el hombre tiene que dominar la naturaleza, que la ciencia lo logrará, como si aquélla fuera creada por él. Son afirmaciones de la ignorancia, muy distintas del verdadero conocimiento; petulancias infantiles de hombres pequeños que desconocen lo que es de veras la naturaleza. Estas jactancias se parecen a las de esos niños que creen ser adultos solo porque se han puesto los pantalones largos.

La naturaleza es una obra magnífica cuyo artífice no es el hombre. Si de éste dependiese la armonía de las galaxias, y si fueran los hombres quienes hacen las leyes que gobiernan los universos, todavía estarían discutiendo por dónde hacer pasar la Luna o razonar sobre la manera de organizar las maravillas de los átomos y de sus componentes. Se dice esto por caricaturizar, para demostrar el absurdo, suponiendo que el hombre pidiera lograr tanto progreso.

Las leyes hechas por los seres humanos son tan imperfectas que dejan vivir a costa de su interpretación a miles de leguleyos a través de cuyas redes pasan fácilmente muchos casos: están hechas para quien quiera respetarlas.

Las leyes humanas son sectarias, hechas para exaltar una determinada ideología o para favorecer sólo a un sector de la sociedad, pero alejadas de la verdad y de la justicia, la cual es distorsionada por intereses particulares.

Varían según los tiempos y los pueblos, los regímenes y las magistraturas que las interpretan. Son incontables. Esto le permitió a un autor satírico escribir: "Si Dios hubiera hecho tantas leyes cuantas han hecho los hombres, ni siquiera Él podría orientarse".

No ocurre así con las leyes de la naturaleza: éstas son pocas y seguras, para cada plan de vida; las leyes morales, sencillas y claras, están grabadas dentro de cada hombre que las siente según su nivel evolutivo. Las leyes de la naturaleza son las leyes de la vida misma, pero cada uno debe aportar su interpretación consciente. Son leyes justas e imparciales, que no consideran ninguna excepción, ni otra finalidad que la vida, en su incesante devenir hacia la perfección.

Todos quienes estudian las leyes de la naturaleza, ya sea que distorsionan su interpretación o que se quedan solamente en los fenómenos, necesitan una palabra de aliento.

A los unos les decimos: "Miren con mirada limpia y piensen en la fuente de la vida"; a los otros: "No se detengan delante de la puerta del Misterio, preguntando solamente el cómo, busquen el porqué, golpeen y les abrirán. Busquen remontarse a la fuente, por lo menos como hace el hombre de sentido común en las cosas ordinarias".

Ante todo es necesario abrirse a la verdad. Negar lo trascendente o atribuirle solamente al hombre lo que sucede, casi divinizando a un ser tan rico pero tan limitado al mismo tiempo, es detenerse en la primera grada de la escalera infinita, por miedo de ir más allá.

La naturaleza es estupenda y los hombres conocen poco, y todavía menos sus leyes maravillosas, en los varios niveles de la vida infinita. El hombre puede subir más allá o trascender su dimensión, en los cielos serenos del espíritu donde se encuentra el secreto de la vida.

El conocimiento de las leyes superiores es la clave para dominar los planos inferiores y actuar sobre ellos. Este es el secreto de los milagros y de todas las ayudas prodigiosas que el Protector Invisible realiza con frecuencia.

UNA ESCALA DE LEYES

Si el hombre supiera vivir en armonía con las leyes que gobiernan la estupenda organización de la naturaleza, su existencia sería una fiesta ideal porque nada podría alterar su serenidad. Protegido y defendido como con una coraza, nada podría molestarlo en cuanto él se identificaría con la vibración misma que gobierna las cosas.

Cada nivel está gobernado por las leyes de ese nivel, pero dependientes y reguladas por las leyes de los niveles superiores. Así, el mundo físico, el psíquico y el espiritual son dirigidos por leyes exactas. Los planos superiores pueden actuar sobre los inferiores, pues las leyes de los planos superiores abarcan las de los planos que están más abajo. Nada es aislado y abandonado a sí mismo. Sin leyes sería el caos, la destrucción y el final.

En la unidad de la naturaleza, los varios planos no son compartimientos estancos, independientes, autónomos ni aislados: están conectados y coordinados en una armonía soberana, como partes de un único organismo. Aunque cada plano está gobernado por leyes propias, también es verdadero el antiguo axioma: lo que está arriba está también abajo, es decir, que las leyes de los varios planos son análogas entre sí, como reflejo de la única ley que gobierna la vida.

LAS LEYES DEL PLANO HUMANO DEPENDEN DE LAS LEYES DE LOS PLANOS SUPERIORES

Para formarse una idea del fenómeno grandioso de las leyes que gobiernan la naturaleza, puede pensarse en un imponente mecanismo en el cual las levas de cada sector no son autónomas sino conectadas, coordinadas e interdependientes con todas las otras del mecanismo mismo, hasta el pulsador central del cual dependen todos los movimientos. Los fenómenos que suceden en el mundo del hombre se regulan de modo análogo.

Los planos de vida, numerosos y siempre más refinados, están gobernados por leyes propias. El hombre que ignora las leyes de los planos más altos, considera hechos prodigiosos y llama sobrenaturales a los hechos producidos por leyes que no entiende, desconociendo que todo está en la naturaleza y nada está fuera de ella. La naturaleza es llamada, por la sabiduría oriental, "el vestido de Dios".

En el plan humano hay una escala de leyes graduales, de modo que conociendo las superiores pueden anularse y trascender las inferiores. Un avión de muchas toneladas que vuela altísimo, sobre las nubes, como el más ágil de los pájaros, quedaría adherido a la tierra por la ley de la gravedad, si no hubiera quien sabe poner en movimiento una ley superior capaz de anular la otra. También aquí se aplica la expresión: *ubi maior minor cessat*, esto es: "Delante de una ley superior se anula la inferior". No se trata de violación, sino de superación.

Cuando intentaron lapidarlo, Jesús desapareció y el fenómeno fue considerado milagroso. Su hora todavía no había llegado y nada podía tocarlo. Por eso ellos no lo vieron más; sus ojos fueron oscurecidos. Jesús puso en movimiento el conocimiento de la ley de la vibración atómica, por la cual, al superar la franja dentro de la cual el ojo humano puede captar, uno se vuelve invisible.

Los milagros —escribe San Agustín— no son contrarios a la naturaleza, sino al escaso conocimiento que tengamos de las leyes de la naturaleza. ¡Y conocemos muy pocas!

La palabra milagro, en la forma como se usa, debe modificarse en el sentido de que es tan sólo la trascendencia de leyes conocidas por la afirmación de leyes superiores, todavía desconocidas para el hombre poco evolucionado.

Y como la causa de los hechos humanos se encuentra en el plano más elevado, se entiende cómo uno puede caerse sin hacerse daño, caminar sobre el agua sin hundirse, manejar el fuego sin quemarse y muchos fenómenos más, incomprensibles para la mente limitada de los hombres. Para la mente materialista éstos son absurdos.

Pero esta percepción depende exactamente de la visión miope del que ve el mundo de los efectos, no el mundo de las causas. Cuando alguna de estas personas se encuentra frente a semejantes hechos que no entiende, habla de "casualidad", desconociendo la ley que relaciona el fenómeno.

Quien sabe que todo está regulado por leyes, que el plano humano depende del plano espiritual, que lo que está abajo está subordinado a lo que está arriba, sabe que todo está unido que cada cosa está conectada, pues no puede existir nada separado, porque no puede existir una vida aislada.

¿LAS LEYES SON INEXORABLES?

A veces se afirma acerca de la inexorabilidad de las leyes físicas. Se dice que las leyes de la naturaleza no admiten derogaciones, ni miran a quién favorecen o contrarían. Eso afirman los físicos que ven tan solo la física. Alguno pone un ejemplo:

"Si llueve, la lluvia cae sobre el bueno y sobre el delincuente, ¡el fuego quema el papel como la mano del que lo pone sobre la llama!". No mira si la intención era buena o malvada. Pero ésta no es una verdad, es tan solo una verdad a medias, mientras innumerables hechos demuestran lo contrario. La ley no es ciega, ni un instrumento frío y automático como piensa el que cree solamente en la materia. ¿Un ladrón y un verdadero sabio son iguales frente a ella y no tienen un trato diferente? Pero, entonces, ¿cómo ocurren aquellos casos, y son muchos, en los cuales sucede lo contrario?

La respuesta podría hasta considerarse obvia. Como las leyes de los varios planos están conectadas, no son independientes, hay algo del plano superior que puede interrumpir e impedir el funcionamiento de las leyes del plano inferior: funciona como un interruptor. Así se entiende que las leyes físicas no son absolutamente inexorables como se cree comúnmente.

Si uno no debe ser abaleado, la pistola se traba. Es la ley moral o kármica que prevalece. El prejuicio científico común de que las leyes físicas son inexorables en sus efectos, carece totalmente de fundamento.

A la miopía científica escapa la unidad grandiosa de la vida universal de la cual ve solamente una pequeña parte, y separada del resto.

La dependencia de las leyes físicas respecto a las de los planos superiores, esto es, a las leyes psíquicas y espirituales, es clara para quien tenga ojos para ver más lejos.

Los hechos demuestran que el engranaje universal es una unidad, y que el mecanismo físico, último y periférico, está movido por un sistema único, que depende del motor central y de los engranajes que transmiten el movimiento.

Todas las leyes físicas dependen de las leyes que regulan los planos más altos, pues el plano físico es tan sólo el reflejo de los otros y su última manifestación. Hay una razón profunda: "De dos planos que estarán juntos, uno será tomado y el otro será dejado".

La causa se encuentra en un plano más elevado: allá el hombre debe buscar, sin detenerse solamente en la constatación del hecho o del último efecto.

Si llueve, seguramente llueve para todos, pero los efectos serán diferentes para cada uno. Una catástrofe es igual para todos, pero los efectos son movidos por el karma de cada uno que obra de maneras muy diferentes.

He aquí por qué con ocasión de epidemias, terremotos o desastres, unos mueren y otros se salvan; alguien es apenas afectado y otro quien sufre en circunstancias que parecen misteriosas.

Un vuelo en la oscuridad

Casi nunca nos damos cuenta de que somos asistidos, protegidos y ayudados. Nuestra imaginación se impresiona sólo cuando los acontecimientos son excepcionales o tocan nuestra sensibilidad.

Cuando todo transcurre tranquilamente, en la vida común, creemos que todo es natural y no pensamos en la actuación del

Guía Invisible que es continua y afectuosamente cuidadosa. Ni siquiera vemos quién nos brinda la mano.

No nos damos cuenta de que la protección se realiza continuamente, en la vida cotidiana, en las alegrías y en los dolores, no sólo cuando estamos seguros sino también cuando somos golpeados. El Guía Invisible gradúa las dificultades, las pruebas, el bienestar y el placer de acuerdo con la capacidad personal y siempre para alcanzar nuestro bien verdadero. Él pone en acción leyes desconocidas para nosotros.

Esta acción continua no es interferencia, sino respeto de nuestra libertad, como obra la madre con su hijo o el maestro con su discípulo. No es sustitución sino colaboración con un karma de protección en el momento en el cual existe la necesidad de ser asistido.

Una noche estábamos conversando, en la librería, cuando de improvisto se apagó la luz. Fui al depósito para coger una vela. No me acordé que por estar en verano, la ventanilla de entrada al local estaba abierta para que entrara aire fresco. En un instante caí al vacío, en la oscuridad absoluta. Tuve la percepción inmediata de no poder hacer nada, por eso ni siquiera intenté agarrarme de algo, pues no veía nada.

Inexplicablemente, sin tener conciencia de ello, doblé los brazos en cruz sobre el pecho y, como saliendo del yo más profundo, se me ocurrió exclamar tres veces: "Jesús mío". Era la rendición total de mi voluntad impotente, y la entrega de mi vida a una potencia muy superior.

Debo anotar que en ese tiempo una invocación como esa no formaba parte de mis esquemas mentales y menos todavía de mis costumbres. Había surgido espontánea y rápidamente de los más profundo de mi ser. Fue como accionar las palancas de un aparato desconocido hasta entonces.

El vacío era superior a los cuatro metros y estaba ocupado en parte por una escalera de madera. Según las leyes de la física, había debido caer perpendicularmente, y rodar por las escaleras muy pendientes, con todas las consecuencias imaginables, agravadas por la falta de elasticidad de mi edad, pues ya no era joven. De todos modos no se podía pensar de ninguna manera en la incolumidad, pero no sucedió nada natural y lógicamente previsible.

Más bien, de pronto me "sentí más liviano". Con los brazos cruzados sobre el pecho, como me encontraba, me sentí transportado, volando en sentido horizontal algunos metros, y fui a detenerme sobre los libros que estaban en el piso, lejos de la trayectoria perpendicular.

Quedé sentado sobre los libros. Yo no había realizado ningún movimiento voluntario ni reflejo.

Tuve la percepción inmediata de la ayuda recibida y del peligro superado: estaba incólume, después de haber realizado un vuelo absolutamente más allá de mi capacidad humana.

Me invadió una gran alegría por el peligro superado y le agradecí al Protector Invisible que una vez más me había dado prueba de su existencia. Esta experiencia personal, una de las más maravillosas de mi vida, fue la prueba de que las leyes físicas se anulan cuando actúan las de los planos más elevados. La presencia, a veces sensible de los guías, sirve para llamar al hombre a certezas más altas que la vida cotidiana le hace olvidar.

CUANDO EL HOMBRE
SE DESVÍA

El ser humano puede conformarse u oponerse a los ritmos de la vida, adaptarse o rebelarse contra las leyes de la naturaleza. Si se opone, su acción es dañina para sí mismo, y no sirve para modificar lo que no depende de él.

Aun cuando llegue a su nueva existencia condicionado, en cierto modo, por las precedentes, siempre tendrá una relativa libertad de escoger su camino.

Obedecer a las leyes de la naturaleza es estar protegido por éstas, es como viajar con una escolta segura sin temor. En cambio, desviarse de la ley es la única causa de todos sus males. Entonces, su compañero es el dolor, porque el roce y la oposición a la ley de su voluntad rebelde produce sufrimiento.

Por algún tiempo, él es dejado a su experiencia para que entienda y aprenda de ella. Si no hubiera dolor, ¿qué instrumento tendría el hombre para entrar en sí mismo y volver a tomar contacto con el yo interior?

El sufrimiento es el momento más adecuado para esto. Solamente en el dolor, cuando el mundo exterior aparece ajeno, el hombre es llevado a buscar la otra dirección, la interior, en la cual descubrirá lo que no puede encontrar fuera de sí.

Siempre que se ilusione de recibirlo todo del exterior, se volcará afuera, hacia las cosas, con todo su afán de felicidad. Esta es la primera etapa de ilusión en la búsqueda de la felicidad, una etapa que puede durar muchas existencias, hasta que desilusionado cambie de dirección.

Cuando el hombre se coloca fuera de las leyes espirituales, llega la llamada que busca encauzarlo por el camino recto. Si quebranta estas leyes, se vuelve contra sí mismo, porque regresan a él los daños causados, pues no puede quebrantar impunemente lo que una voluntad superior ha establecido. Esto vale para todas las leyes, desde las del plano físico hasta las del plano moral. Es algo que evidencia cualquiera que tenga un mínimo de apertura de espíritu.

Quien tuviese la honestidad de no distorsionar la interpretación de los hechos, y el valor moral de sacar conclusiones, alcanzaría fácilmente las grandes verdades de la vida.

EN LA ARMONÍA CON LAS LEYES MÁS ELEVADAS SE REALIZA LA PROTECCIÓN DE LA NATURALEZA

Los animales están sujetos exclusivamente a las leyes físicas porque su evolución se cumple en este nivel. Cuando se colocan fuera de las leyes de su naturaleza, sufren todos las consecuencias, sin excepción.

En el hombre es diferente. Su dimensión abraza no solo el plano físico, sino el psíquico y espiritual. Él es gobernado en cualquier plano por sus propias leyes, graduadas en modo jerárquico. No podría ser lo que es, si estuviera sometido solamente a las leyes físicas, porque entonces sería igual en todo a los animales.

Los yoguis, en el Himalaya, completamente desnudos, a muchos grados bajo cero, y a más de cuatro mil metros de altura no sienten frío; muestran claramente que están protegidos por la naturaleza porque respetan leyes superiores a las físicas, aun en la aparentemente trasgresión de éstas. Ellos ponen en acción otras leyes que conocen y son protegidos por éstas.

Los santos que realizan actos prodigiosos manejan las leyes físicas porque mueven las palancas del plano moral con el cual viven en armonía.

Los monjes del Tíbet, cuenta en sus libros A. David Neel, son capaces de viajar a grandes velocidades como sobre el hilo del viento, tocando apenas la tierra; esto muestra claramente que las leyes físicas, de las cuales dependen los animales, están subordinadas a las leyes superiores psíquicas y espirituales propias del hombre, que gobiernan su vida. Los santos que volaban como san José de Cupertino, san Alfonso M. de Ligorio y muchos otros que se elevaban en el aire en contra de la ley de la gravedad, no obedecían seguramente a las leyes físicas, sino a las que rigen los planos más altos de la vida.

De san Buenaventura de Barcelona se cuenta que estando en la huerta de Vicovaro, Roma, exclamó: "¡Oh amor, oh amor! ¡Oh Paraíso, Paraíso!". Y luego se elevó en el aire, todo radiante de luz celestial. Cuando bajó, el fraile que lo acompañaba debió correr mucho para alcanzarlo. Cuando salía del convento y empezaba a mostrar trances de amor espiritual, seguidos de éxtasis y arrobamientos extraordinarios, su acompañante lo llamaba repetidamente por su nombre y lo sacudía, pero no siempre lograba su atención, porque, sin esperarlo, en un momento se alejaba de su lado.

Según la ley de la gravedad, cualquier objeto que carece de apoyo en el aire se precipita al suelo y cae en línea recta. Si mueve una cantidad de aire cuyo peso supera el objeto mismo, no cae, pero fray Buenaventura poseía el conocimiento de los santos, superior a toda ciencia, y vivía seguramente esa otra ley por la cual si el objeto tiene en sí la fuerza que supera la otra que lo atrae hacia la Tierra, entonces no cae.

En este caso no se viola la ley de la gravedad sino que se trasciende, porque entra en función la ley superior y se conecta con la de la gravedad, que queda bloqueada.

Quien es más evolucionado que nosotros la conoce y la sabe aplicar, utilizando el mecanismo de los niveles más altos y más perfectos para actuar. Esto hace el Protector Invisible en determinadas circunstancias, cuando debe ayudar al que se encuentra en situación de ser socorrido.

Un día, viniendo de Vicovaro y pasando por Tívoli, ya avanzada la noche, el mismo fray Buenaventura se hospedó en casa de un señor Nemesio Susanna. Después de la cena se fueron a descansar; por la mañana, temprano, quiso ponerse en camino hacia Roma, pero su anfitrión deseaba muchísimo que permaneciera allí todo el día. Para lograrlo, la noche anterior trancó las puertas desde el exterior de modo que no pudiera salir.

Por la mañana, su compañero fray Antonio intentó abrir desde adentro sin lograrlo. Entonces el santo le dijo: "Agárrate a mi cordón y sígueme".

De pronto, sin darse cuenta cómo, se encontraron fuera de la casa y exactamente entre la fuente pública y la catedral, en la calle iluminada por un resplandor celestial. En la plaza, fray Antonio dejó el cordón que tenía en la mano, y ambos siguieron su camino hacia Roma. Cuando amaneció, Nemesio, seguro de encontrar a los dos frailes, fue a llamarlos para el desayuno. Las puertas estaban bien trancadas pero la alcoba estaba vacía. Ni pensar que se hubieran salido por la ventana porque ésta daba a un abismo muy profundo.

En las vidas de los santos abundan hechos semejantes y aún más asombrosos. En toda la literatura de las religiones orientales y en la inmensa lista de la parapsicología, encontramos eventos como éstos.

En Turín vive un hombre extraordinario, Gustavo Rol, que sabe escribir a distancia, sabe leer un libro cerrado, transportar un objeto sin tocarlo, desintegrar objetos, predecir el futuro, ver el aura alrededor del cuerpo, comunicarse con espíritus vivientes o difuntos.

Este hombre asombroso demuestra cómo pueden trascenderse las leyes físicas, válidas para su plano, pero inútiles para los otros. Son muchos los hechos que parecen quebrantar de manera desconcertante las leyes conocidas.

Ponerse en sintonía con las leyes que gobiernan otros planos, incluidas las de otras dimensiones, no es quebrantar las leyes físicas, sino ascender de plano. Es también buscar una armonía superior, como lo han hecho los ascetas, los santos, los yoguis, los hombres espiritualmente elevados de todos los tiempos que han dado prueba de vivir y obrar casi al margen de las leyes físicas, pero sustancialmente obedientes a aquellas más altas de la naturaleza.

Cuando Jesús dijo "pensad en primer lugar en el reino de Dios y su justicia, lo demás os será dado por añadidura", les indicaba a los hombres el punto más alto con el cual ponerse en sintonía. El empeño más grande del hombre debería consistir exactamente en esto, para realizar su verdadera protección en la vida.

Colocarse en los planos más elevados, los del espíritu, quiere decir dominar desde allí cualquiera otra ley. Cuando el hombre realizase la armonía perfecta con la Ley Suprema, sobrepasaría las leyes de los planos inferiores para dominar todos los fenómenos a los cuales los materialistas reconocen una importancia exagerada.

Quien no comprende que más allá de toda ley humana hay una ley moral, todavía no ha entendido el grandioso fenómeno de la vida. Detenerse en las leyes físicas es mirar los efectos y no las causas; es quedarse en el plano animal, en el concepto zoológico de la vida, como sucede con los materialistas que no saben ir más allá.

Las leyes de la naturaleza no se violan, sino que se trascienden. Progresando espiritualmente, en esta superación, se entra en el ámbito de otras leyes que gobiernan los planos más elevados y entonces las leyes del plano humano aparecerán como engranajes primitivos, en relación con los otros completos y perfectos. Cuanto más te elevas, más dominarás la materia. Desde los planos más altos gobernarás todas las fuerzas y las leyes de los planos inferiores.

Subiendo, te vuelves inalcanzable para las flechas, en la lucha que se desarrolla abajo; y no serás alcanzado. Esto sucederá en la medida en que te mejores y te substraigas al contagio de tantas energías discordantes y dañinas que obran según su nivel. Ellas tienen poder solamente dentro de su radio de alcance, y frecuentemente son energías destructivas. Te escaparas de ellas, si te alejas[4].

Deja que los muertos entierren a sus muertos; tú tienes muchos otros espacios en los cuales desarrollar tu acción.

El hombre está unido al Todo

Sentirse idéntico con el Todo es la verdadera realización del más alto sentido espiritual: es sentir el manar de la savia que brota de la única fuente que da vida a todo lo que vive, en una comunión recíproca y universal.

No puede pensarse en una existencia aislada porque sería la aniquilación, al no recibir alimento, y terminaría fatalmente en la muerte. Es propio de la ciencia el concepto de que no puede existir una vida aislada, porque cada cosa toma su alimento de lo que la rodea, en un intercambio mutuo. Es la ley natural del amor que hay que entender en toda su plenitud.

El sentido religioso es creer en esta unidad de la naturaleza, en las leyes existentes coordinadas por la mente infinita, a la cual está subordinada la mente humana y cuyas manifestaciones, que son maravillosas, son sólo un fragmento. Quien tiene

---

[4] *Las influencias negativas. Secretos y terapias para neutralizarlas.* Bogotá, Panamericana. Editorial, 2006.

un sentido religioso de la vida desarrollado, entiende esto en su verdadera dimensión.

Este concepto es también científico, pero de la ciencia verdadera, la que pertenece a los hombres pensantes, no a los miopes mecanicistas que ven tan sólo la superficie, no el motor, y se detienen en la carrocería.

La vida es como una cadena de amor cuyos diferentes planos se comunican entre sí. No existe cosa que no esté ligada a otra en la vida del universo, porque no hay nada que pueda vivir sin recibir y dar alimento, sin que esté en comunicación con todo lo que vive. Éste es el principio fundamental de la vida: toda rama, aislada de la planta, muere.

El hombre que vive al mismo tiempo sobre tres planos lleva en sí, en síntesis, aquel microcosmos, toda la vida universal y, como ser consciente, nunca es abandonado a las leyes de un solo plano.

En el mundo físico está sujeto a las leyes de este plano, pero éstas obran sobre él solamente hasta donde les está concedido por aquellas que él mueve en el plano psíquico y sobre todo en el plano espiritual.

Para conocer las leyes a las cuales debe ajustar su existencia, no hay necesidad de laboriosas investigaciones en las bibliotecas: las leyes de la vida están escritas en el corazón del hombre. Todas están almacenadas en el maravilloso archivo de su conciencia. Allí Dios las ha grabado indeleblemente. Basta saber leer, meditando. Pero es necesario recordar que la primera ley es la del amor, que tiene el poder maravilloso de abarcar todas las otras.

De lo anotado hasta ahora puede deducirse fácilmente que nadie puede ser abandonado a sí mismo. El destino es la consecuencia de causas que deben agotarse. La vida del hombre es la trayectoria de este cumplimiento.

A nadie pueden faltarle la ayuda ni las asistencias necesarias en el desarrollo de la experiencia de su vida. Obedecer a las leyes naturales, psíquicas y espirituales, es la condición para estar protegido por las leyes mismas, en armonía con todas las cosas.

EL AIRE DE LAS CIMAS

Desde las cimas más altas pueden admirarse los valles estupendos que se extienden abajo, y las cimas nevadas de los montes que siguen en una panoramica encantadora.

En el trayecto entre Italia y Suiza, el túnel de la autopista del Gottardo pasa a 1500 metros debajo de la cima de la montaña: es un túnel de 18 kilómetros y está previsto el paso de aproximadamente 1800 carros por hora. Con esta intensidad del tráfico, el aire se volvería mortal si no fuera renovado ventilando el túnel por medio de enormes turbinas. El aire viciado es expulsado con la entrada simultánea del aire de la montaña, siempre nuevo y fresco.

Pero no es tan sólo en el sentido literal que desde lo alto se puede percibir un nuevo alimento vital. Cuando Dante escribía "desde lo alto desciende el valor que me ayuda", se refería a la gran verdad de que la vida es dirigida desde los planos más elevados, es decir, más sutiles. La pureza siempre se le atribuye a lo que está arriba; al contrario, la densidad, también impureza, es propia de los que se deposita abajo.

Se necesita el contacto con los planos superiores de la vida, porque solamente de allí puede extraerse alimento puro. Para no sofocarse en la densidad terrestre, es necesario comunicarse con los planos elevados.

Los seres que desempeñan esta tarea promueven la evolución de los humanos. Dotados de posibilidades mayores y de facultades más amplias, ejercen su acción en favor del que se encuentra en la condición de la experiencia terrenal. Con esta finalidad, ellos colaboran en la actividad humana, pueden actuar también sobre las cosas, los hechos, en los ambientes y sobre el hombre. Siempre dentro de los limites de la ley, pueden impedir que otros hagan daño, creando las condiciones a propósito.

La condición humana es como aquel que está metido en un túnel, a veces sin luz, empujado y obligado por las cosas, apurado por las circunstancias. Si no hubiera ayuda de lo alto, habría momentos en los cuales sería de veras el fin.

Como cuerpos, estamos sometidos a todas las leyes del mundo físico, y ésta es una cadena que nos amarra a la materia. Pero dentro de nosotros está siempre, aún opacada, la luz que nos señala la situación a que nos hemos sometido escuchando las ilusiones exteriores, las falsas luces que nos atraen.

La ayuda de los seres superiores que guían nunca falta, aunque muchas veces no la escuchamos. Entonces, en ese caso el dolor nos avisa.

Aquellas personas que han alcanzado las cimas más elevadas, hombres y mujeres geniales, santos y héroes que han sabido realizar obras maravillosas, son personas como nosotros. En nosotros existen las mismas capacidades, sólo que ellos han sabido realizarlas.

En lugar de titubear en la mediocridad animal o estancarse en la pereza, ellos desarrollaron la parte más elevada. Nosotros lo hacemos lentamente: en lugar de orientar nuestro empeño hacia el desarrollo del tesoro que hay en nosotros, vagamos errantes entre las experiencias más banales, cuidando en exceso la parte animal.

El ejemplo de los que han sabido elevarse a grandes realizaciones debería servir de estímulo para obrar de la misma manera, en vez de detenernos en una estéril admiración.

Lo que hicieron ellos, podemos hacerlo nosotros. Las magnificencias de las obras geniales, logradas en todas las áreas de la actividad humana, las realizaciones artísticas, científicas, técnicas, las energías que las han producido, el sacrificio, la voluntad, la constancia, la intuición, demuestran de manera evidente hasta dónde puede llegar el hombre cuando se mueve en los planos más elevados de su ser.

SUBIR PARA DOMINAR LOS PLANOS INFERIORES

Las cimas elevadas se alcanzan por sendas escarpadas y a menudo muy difíciles. Mejorándose, superando el plano animal, subiendo al plano espiritual, sobrepasando la mezquindad que hace de muchos hombres unos seres todavía demasiado semejantes a los animales, a las fieras, el hombre alcanza los caminos elevados. Pero quien no cree en la trascendencia, ¿cómo podrá ir más allá del plano animal?

Los grandes espíritus han alcanzado la cima: ellos son las luces de nuestro camino. Por eso han logrado realizar tantas cosas estupendas. Hombres como fray Francisco, Ramakrishna, Yogananda, Aurobindo, han realizado cosas asombrosas[5].

Los innumerables ejércitos de santos de todas las religiones obraban curaciones admirables, incomprensibles para el que cree solamente en las leyes materiales del plano físico. Negar los hechos ha sido siempre la actitud de los tontos de todos los tiempos, así como tergiversar su interpretación según las maromas sicoanalíticas; es la moda de los renegados de hoy.

Aquellos santos y sabios sabían aplicar las leyes superiores que conocían, porque habían subido a las cimas, en armonía con las leyes de la naturaleza.

PONTE DE ACUERDO CON LAS COSAS

Vivir en armonía con la naturaleza, como aconsejaba la filosofía estoica, era sin duda un programa de moralidad elevada.

---

5 Ver *Autobiografía de un Yogui*, de Paramhansa Yogananda.

El emperador Marco Aurelio, un fiel seguidor de esa filosofía, escribió: "Ponte de acuerdo con las cosas".

La bella expresión incluye una gran enseñanza de grandeza, porque vivir en armonía con todas las cosas les evitaría a los hombres un sinnúmero de males. Infortunadamente, el modo ordinario de vivir de la mayoría es la pugna, la lucha, el atropello, el desacuerdo con todo lo que nos rodea. Y no sólo con los demás, sino con nosotros mismos. Es natural que eso provoquen sufrimiento y dolor.

El primer paso hacia el acuerdo con las cosas consiste en aceptarlas en su realidad, como son, cuando no pueden cambiarse. Aceptarlas es ponerse en armonía con ellas. Entonces no se sufrirá ningún daño. El daño sucede cuando hay roce y conflicto, no cuando hay armonía.

Cuando todavía uno es inmaduro, toma el camino largo porque no ve su costo: por eso se prefiere la pugna y el conflicto a la armonía, la paz y la sintonía, el único camino que lleva a las más altas cimas.

Vivir en armonía con las cosas a veces cuesta dolor y fatigas, pero el bien que se obtiene compensa ampliamente el sacrificio que se hace.

Muchos piensan que aceptar es una indignidad. Esto es verdad sólo cuando se renuncia a los principios fundamentales, irrenunciables, sobre los cuales nunca debe transigirse. Aceptar, entonces, sería traicionarse a sí mismo.

En situaciones imposibles, cuando no puede obrarse de otra manera, el arma de la resistencia pasiva, según el ejemplo de los grandes espíritus, es una forma de lucha válida.

El Protector Invisible, entonces, no dejará de hacer sentir su acción de ayuda y de asistencia. Pero, en el mayor número de casos ordinarios, y en las más frecuentes circunstancias secundarias, aceptar es muestra de sabiduría.

Muchos sufrimientos de los hombres nacen de su rechazo del mundo en el cual viven. La mayoría se queja de sus condiciones desfavorables y culpan de ello a los otros, a preferencias y a las circunstancias, pero pocos piensan que no son tan importantes las opciones que se toman en la vida como el modo en que se vive y se maneja la opción escogida.

Si se vive en el conflicto, en el roce y en la guerra perpetua con el mundo que nos rodea, siempre se vivirá en el sufrimiento; en la armonía, puede lograrse la tranquilidad, el único aspecto posible y el único factible de la felicidad en la Tierra.

LA FUERZA SECRETA DE LOS SABIOS

El sabio se mantiene sereno, incluso en circunstancias adversas que a otros producen confusión o miedo. La razón radica en que él sabe que ningún mal podrá golpearlo si está en armonía con las leyes morales.

Los golpes ocurren, precisamente, porque se trata de cuentas por pagar, pero no podrá nunca ser golpeado por aquello que no le pertenece. Él sabe sólo que la violación de las leyes morales pone en movimiento todos los engranajes subyacentes que producen el desequilibrio. Pero éstos nunca se moverán solos, si no son movidos en sus causas, que se encuentran solamente en los planos superiores, donde se ha producido la desarmonía.

La fuerza secreta de los sabios es este conocimiento, su tranquilidad descansa en esta verdad de la cual son plenamente conscientes. Por esto permanecen íntimamente tranquilos y ante cualquier cosa que suceda.

La naturaleza golpea con sus leyes solamente para restablecer la armonía quebrantada y volver al equilibrio; golpea sólo a quien ha sido la causa de la desarmonía para que a través de la experiencia personal aprenda las leyes de la vida. Por esto, el conocimiento de las leyes morales tiene para el hombre la preferencia sobre todos los otros aprendizajes. La ley del amor es su suprema coronación.

Cómo protegernos

Así como el carro no puede andar sólo con las ruedas, tampoco el destino puede realizarse si el hombre, por su parte, no actúa.

De *Mil sentencias indias*

La vida es una conquista lograda por una tarea paciente, prolongada y, muchas veces, dolorosa. Lo conocen quienes han sabido construir, los hombres que han sabido sacar de sí todas las energías latentes para aplicarlas a un ideal que tenían adentro y que han concretado en obras admirables.

Los otros, a veces, se detienen, solo en la admiración, y no piensan estudiar la génesis, los desarrollos, las dificultades y la superación.

Nada en la vida es gratuito. Las cosas aparentes, en realidad, resultan las más costosas de todas.

Vivekananda escribe: "*Todo lo que somos en este momento es el resultado de nuestras acciones y nuestros pensamientos anteriores; todo lo que seremos en el futuro será el resultado de lo que pensamos y hacemos ahora. Pero el hecho* de que nosotros mismos forjemos nuestro destino, no nos impide recibir ayuda exterior; antes, en la gran mayoría de los casos, es absolutamente necesario.

Cuando llega, las posibilidades y los poderes más altos del alma son estimulados, la vida espiritual se despierta, el crecimiento es activado y el hombre acaba volviéndose santo y perfecto".

El primer Protector Invisible

Insistimos mucho sobre este punto fundamental, porque el primer Protector Invisible somos nosotros mismos con nuestras acciones.

Nuestro karma[6] condiciona, determina cualquier otra protección que está subordinada a esta.

Además, para quienes toman como pretexto la existencia del mal y del dolor para negar a Dios, añadimos el testimonio que expresa el consentimiento universal de todos los pueblos sobre la verdadera causa del mal y el dolor entre los hombres.

Tal vez para alguien será una luz que ilumine los ángulos oscuros de almas en búsqueda de la verdad.

Somos protegidos automáticamente contra los males que no forman parte de nuestro karma porque no nos pertenecen. Por esta razón, el sabio que conoce esta ley está tranquilo y calmado frente a los males de la existencia; por el contrario, quien desconoce esta ley teme y tiembla ante cualquier amenaza.

---

6 Ver *Saggeza dell'Oriente*, Ediciones Astrolabio, Roma.

DISTINGUE PARA ACTUAR

Algunas cosas en nuestra existencia dependen totalmente de nosotros, otras dependen solo en parte: hay, además, algo que está fuera de nuestra esfera de acción e influencia, porque es obra del que gobierna la vida con una sabiduría que está más allá de nuestra limitada comprensión.

En la construcción de nuestra existencia es muy importante discernir estas cosas, porque así se hace más ligero el quehacer cotidiano.

Discernir también puede darnos la fuerza de centrar nuestros esfuerzos en desarrollar más la energía necesaria para nuestra colaboración en la construcción de la vida misma.

La participación es indispensable para el progreso espiritual. G. Barbarín escribió: "Dios lo puede todo contigo, pero no puede hacer nada sin ti".

Tan equivocado es el fatalismo, que paraliza cualquier actividad del hombre, como el frenético activismo del que piensa hacer todo solo.

En el libro de Mencio está escrito: "Nada sucede sin la Providencia: acepta dócilmente sus decretos. Pero quien los entiende no se acercaría a un muro peligroso"[7].

Los acontecimientos de la vida me han enseñado esto, y en especial en dos episodios de los primeros años de mi búsqueda espiritual. Era el tiempo de la última guerra, y en mi espíritu

---

7 Ver *Reincarnazione e fanciulli*, de A. Vodben, Ediciones Mediterranee, Roma.

sentía una duda angustiosa, precursora de la apertura hacia verdades novedosas que golpeaban a mi puerta.

Con un grupo de amigos romanos, estábamos de paseo en Porto S. Stefano. Por un paso estrecho e incómodo se penetra en el interior de la montaña, donde se abren grandes explanadas, elevadas grutas naturales y amplias placitas. La luz suave y discreta entra por lo alto a través de numerosas aberturas. De pronto, el guía llamó la atención del grupo sobre las ruinas de un templo etrusco. Estaba de pie, contemplaba las bóvedas naturales, altas y majestuosas desde el interior, pero interesado en el templo etrusco me acerqué a él. Estaba a punto de sentarme sobre una gruesa piedra que había allí, cuando mi mujer Ana María gritó: "¡Cuidado, hay una víbora!".

Iba a apoyar la mano sobre la piedra para sentarme, cuando el peligroso reptil, cerca de mi mano, se levantó sobre la cola, recto y vibrante agitaba la lengua, lista al ataque. Me encontraba casi cara a cara. Tuve la intuición inmediata de quedarme inmóvil.

Quedé petrificado, durante un minuto interminable, con los ojos fijos sobre la víbora. No movía ni siquiera las cejas, reteniendo hasta la respiración. Inmóvil como una estatua, reuní todas mis fuerzas fijándome en aquella pequeña lengua terrible, lista para su mortífera acción. Fueron unos segundos que valen por una vida, instantes fuera del tiempo, una eternidad para el que los vive.

No sé cómo sucedió. La víbora dejó de pronto de agitarse, vi que volvía a extenderse sobre la piedra; luego, como si nada hubiera sucedido, se alejó lentamente, arrastrándose, en la dirección contraria hasta que desapareció en una hendidura.

Después del gran esfuerzo que me había sostenido en esa terrible lucha muda, a la enorme tensión siguió la distensión, más bien, un profundo decaimiento.

Pasadas las vicisitudes de la guerra, el Protector Invisible iba graduando la luz que estaba penetrando en la oscuridad de mi alma para despertarla. Mil preguntas se amontonaban adentro y me atormentaban. Pasado el peligro que habría corrido, sentía también un sentimiento de temor. ¿Qué hubiera sucedido si me hubiera movido? Seguramente, si hubiera hecho un movimiento, la víbora había atacado con su veneno.

Y, ¿cómo encontrar una ayuda inmediata en estas circunstancias? Antes de encontrar un remedio pasaría una eternidad en la que todo funcionaría mal, pues carecía de todo. ¿Es posible que la vida humana pudiera depender de un pequeño animal? ¿De circunstancias tan elementales como mover una mano o de la falta de un servicio social?

Unas horas después, todavía estaba sobresaltado por estas preguntas sin respuesta, cuando en Porto S. Stefano otro hecho debía reforzar estos interrogantes.

Después de un breve recorrido en la barca, volvimos al puerto. En el punto de desembarque, me encontraba en la popa esperando bajar último, cuando, apresuradamente, los ocupantes se amontonaron para bajarse al tiempo por el mismo lado. La barca, después de un giro brusco, estaba a punto de voltearse.

Gritos de niños y mujeres. Inmediatamente tuve la intención de recargarme, con todo el peso y con fuerza, hacia el lado contrario, para hacer contrapeso. La barca, después de oscilaciones ruidosas, volvió a su equilibrio.

De los siete ocupantes, entre pequeños y adultos, ninguno sabía nadar, el agua era profunda y no podía confiarse en la ayuda del barquero, que ya era de edad avanzada.

¿Es posible que la vida humana pudiera depender de un movimiento equivocado? No podía aceptar que pudiera depender de un movimiento o de la inmovilidad, pues debían existir otros factores combinados que al hombre se le dificulta discernir.

A pesar de que otros hechos hubieran comenzado a convencerme de que la acción del Protector Invisible está casi siempre ligada a nuestra participación, aunque en determinadas circunstancias puede obrar solo, se necesitaban todavía otros golpes para que el clavo entrara más profundamente en mi alma.

El movimiento o la inmovilidad, esto es, la participación del hombre según requiera la ocasión, está en el ámbito de un plano dentro del cual él actúa.

Mediante experiencias repetitivas se desarrolla el discernimiento y la voluntad de esta participación. Para esto es necesario sobre todo entender que el hombre no puede hacerlo todo porque no todo depende de él.

¿Pero cuáles son las cosas que puede hacer y cuáles no? Si existe este plan más amplio, dentro del cual él puede moverse, ¿cuál es el grado de la participación humana?

Nuestra ignorancia es tal que muchas veces no sabemos lo que deberíamos hacer y, por consiguiente, nos abstenemos de actuar. Entonces, el Protector Invisible, que conoce bien nuestra condición, actúa interviniendo en favor nuestro, nos ayuda de acuerdo con las circunstancias, como hace la madre con su pequeño inocente.

La víbora de la montaña Agrietada y la barca de Porto S. Stefano todavía me recuerdan que el hombre debe actuar primero, cuando puede, ayudándose para ser ayudado por la Providencia.

LO QUE DEPENDE DE NOSOTROS

La sabiduría antigua ha enseñado que en la existencia humana unas cosas dependen del hombre y otras no dependen de éste. "Se puede actuar solamente sobre las que están en nuestro poder", afirma Séneca. Sobre las otras no y por tanto es inútil atormentarse por ellas.

La acción que debemos realizar sobre lo que depende de nosotros debe ser decidida y enérgica. Son muchísimos los problemas del hombre causados por su negligencia y por su ruindad, provenientes de la falta de acción sobre lo que depende exclusivamente de él. Para afinar exactamente los instrumentos para esta acción necesaria hay que educar al hombre desde cuando se asoma a la vida. La voluntad es el instrumento maravilloso que debe usarse y cuya prodigiosa eficacia muy pocos conocen.

De esto nace también la obligación que cada uno tiene de educarse a sí mismo en aquellas virtudes que nuestros padres consideraban la verdadera expresión del hombre. La tenacidad, la paciencia, la constancia, el valor, la prudencia, la fortaleza, la justicia y la moderación son las bases sobre las cuales debe estar anclada la existencia humana.

Cuando las cosas van mal, es típico de los hombres menos evolucionados, acusar a los otros por sus propios problemas, en vez de buscar la causa en ellos mismos. Para esto vale la advertencia de san Ambrosio (Examerón 1 – 8): *"Sobre las cosas que dependen de nosotros, no busquemos las causas en el exterior, culpando a los demás, sino consideremos nuestras las culpas como nuestras. Y dado que podemos no actuar si no queremos, así debemos atribuirnos, más que a los demás, la escogencia del mal"*.

Quien espera de los otros lo que debe hacer él solo, siempre tendrá como compañero el dolor, hasta despertase de su sueño que lo vuelve inerte y pesado para sí mismo.

CUENTA CONTIGO

Ante todo es necesario tener cuenta las propias capacidades, las facultades que cada uno tiene la obligación de desarrollar. Estos son los instrumentos que Dios nos ha dado para nuestro trabajo. Contar con nosotros mismos es ponerse en la mejor condición para mejorar y para ser ayudados.

Nadie, en cierto sentido, arranca con un alma hecha, definida, completa; cada uno trabaja para hacérsela, para definirla, para completarla. Las vicisitudes de la vida sirven para eso. Y Dios ayuda al que se ayuda.

Debemos saber encontrar en nosotros las fuerzas y los recursos para superar las situaciones difíciles. No subutilicemos las capacidades que poseemos: inteligencia, razón, sentimiento y voluntad. Éstas deben ser nuestras fuerzas y nuestras armas, especialmente la voluntad. Actuaremos como si todo dependiera de nosotros. Para eso es necesario sacar de uno mismo todo lo mejor, sin dejarlo dormir en la indolencia. Contaremos sobre todo con la voluntad, esta fuerza prodigiosa entregada al hombre para superar los obstáculos que se interponen en su camino. Tesón, paciencia y constancia son virtudes delante de las cuales se doblegan todas las cosas humanas.

Esperar pasivamente la ayuda de los demás es una de las peores disposiciones de ánimo del hombre. La incapacidad de encontrar en sí la fuerza para hacerles frente a las situaciones es un estado de pobreza moral, la verdadera, la que puede propiamente llamarse miseria espiritual. Quien desconoce que posee todos los recursos, con tal de que sepa ponerlos en acción, desconoce una de las cosas más importantes que hay que saber.

Hay que encontrar en uno la fuerza para vencer en la lucha de la vida. En esto consiste el progreso y la evolución. Sólo desarrollando lo que está latente y afinando lo que se posee, seguramente puede realizarse el camino hacia lo mejor.

"Nuestra relación con el invisible —escribe G. Barbarín— es semejante al de una sociedad en la cual si nosotros ponemos uno, el Invisible pone dos".

Es indispensable nuestra participación ante todo con nuestra voluntad porque la paz fue otorgada a los hombres de buena voluntad.

APRENDE A OBRAR SOLO

Acudir siempre a otros, para resolver las necesidades propias es, ciertamente, una de las peores cosas. Sucede, entonces, que uno no asume la mayoría de edad y es incapaz de hacerle frente a la vida. Por eso quien queda solo de pequeño, se vuelve generalmente más capaz y más fuerte cuando es mayor. Evitarles todas las dificultades a los hijos, volverlo todo fácil y suave, es una de las peores enseñanzas que pueda dárseles como preparación a la vida. Al contrario, graduar lo que deberán encarar es una obra de verdadera educación.

No es bueno esperar siempre ayudas para resolver los problemas; debemos afrontarlos solos y resolver solos las dificultades que se presentan.

Solo así las fuerzas se ejercitan, desarrollan y fortalecen. Ejercitarse en las cosas pequeñas es capacitarse, con el tiempo, para las cosas grandes.

Pide consejo, no para regirte por el juicio ajeno sino para controlar lo que sientes. Básate únicamente en esto. Cuenta contigo y con tus fuerzas. Esto te servirá para sacar de tu interior las energías que permanecen en él inutilizadas y, en consecuencia, sin pulirlas ni potenciarlas. Son las mismas que le permiten realizar grandes cosas a quien sabe manejarlas.

No desees ayuda, no anheles ayudas. Si aprendes a arreglártelas solo, te volverás fuerte. Sólo en un caso extremo, y después
de haber comprobado tus límites y tu incapacidad, acepta la
ayuda.

No debes trabajar tú solo por orgullo, sino para desarrollar
las capacidades de las cuales estás dotado. Cuando aceptes la
ayuda con humildad, debes estar dispuesto a darles a otros
aquello que has recibido.

Debes saber, sin embargo, que nunca somos abandonados,
ni siquiera cuando todas las apariencias mostraran este abandono. Nunca estamos solos.

Tener que hacerles frente a determinadas situaciones que se
presentan requiere que desarrollemos en nosotros lo que se
encuentra en estado latente.

Exactamente esto debe realizarse en la existencia humana, y
no acomodarse y dejarse llevar por la pereza egoísta del que se
ilusiona con la búsqueda de una quimérica felicidad.

EL PERRO DEL VERNA

En el verano de 1954 me encontraba durante algunos días hospedado en el monte Verna, uno de los lugares más queridos
por fray Francisco.

Una noche, en la pequeña celda del convento, no podía
dormir por el ladrido continuo y quejumbroso de un perro
grande que estaba atado con una cadena, exactamente debajo
de mi ventana.

Por la mañana bajé a la plazoleta, me dirigí al perro, y sonriendo confiadamente lo regañé diciéndole: "¿Por qué no me dejaste dormir anoche? ¿Por qué ladraste todo el tiempo?".

No sabía que esa noche hubo un terremoto, y éste era tal vez el motivo de su intranquilidad… y tal vez también de la mía. Pero ignoraba también una cosa más importante: el enorme perro era un terrible pastor alemán, terror de todos, que las tropas alemanas habían abandonado en su retirada. Nadie podía acercársele tanto que hasta el guardián del convento un día apenas si pudo escapar a sus fauces.

En ese momento estaba junto a él sonriendo y le acariciaba la cabeza. Mi rostro estaba a pocos centímetros del suyo y le hablaba mientras él me miraba tranquilo, como intrigado por mi actitud confidencial. En ese ambiente sencillo franciscano sentía una confianza fraternal en él.

De pronto, levantando la mirada, entendí la situación en la cual me había metido: muy cerca, un grupo de frailes me miraban aterrados con los ojos clavados como si esperaran el epílogo de una tragedia.

Como autómata entonces fui alejándome lentamente hasta salir del radio de alcance de la cadena a la cual el perro estaba amarrado.

Solamente entonces me sentí fuera de peligro, pero el corazón latía muy fuerte.

Todos los que presenciaron el hecho vinieron inmediatamente a manifestarme el temor que habían sentido por mí, al verme cara a cara con el terrible perro, y me expresaron su estupor por el peligro que ya estaba superado, y también me enteré de todos los memorables hechos anteriores del perro que justificaban su temor.

La experiencia me sirvió para reflexionar. Atribuí el desenlace feliz de esa aventura, después de la protección invisible de la cual he tenido tantas pruebas en mi existencia, a la naturalidad confiada con la cual me había acercado al animal con amor verdadero, sin prevención. Mi sencillez, ciertamente, lo desarmó y notó el amor con que le hablé.

Se dice que los perros ven el aura del hombre, es decir, el color de los sentimientos. Si esto es verdad, dado que tienen los sentidos más desarrollados que los nuestros, en mi caso seguramente vio amor y confianza, sentimientos que nunca despiertan reacciones negativas; en tanto que los sentimientos de hostilidad y de miedo despiertan reacciones agresivas en los animales, que se guían únicamente por el instinto.

Lo sucedido me demostró que los pensamientos y sentimientos de amor son la protección más efectiva contra todas las fuerzas exteriores que ordinariamente consideramos malas.

Una verdad importante es que llevamos dentro una carga interior formada por pensamientos y sentimientos invisibles para los hombres comunes, pero visible para el mundo más refinado y hasta para aquellos que poseen la pureza de la naturaleza: los animales.

Estoy convencido de que los animales perciben nuestros pensamientos y sentimientos, especialmente si al manifestarlos están reforzados por las palabras que por sí solas no podrían comprender.

Ese día aprendí esta verdad importante, además de reafirmarme en el convencimiento de que solo el amor le vence todo[8].

La importancia de los pensamientos y de los sentimientos en la vida es grande. Mucho de lo que nos acontece hay que atribuirlo a nuestra carga interior de pensamientos y de sentimientos, como actitud original de la cual proviene lo que nos sucede.

TOMA LA INICIATIVA DE LA ACCIÓN

No esperes que te pidan algo para ponerte a trabajar. No esperes recibir órdenes.

C.W. Leadbeater cuenta que cuando por primera vez tuvo el honor de entrar en relación más estrecha con uno de los maestros, preguntó en una carta qué debía hacer. El sentido de la respuesta, escribe él, fue el siguiente: "Ustedes mismos deben encontrar el trabajo, ustedes saben lo que hacemos. Dedíquense de todas las maneras posibles a sus trabajos; si les confiara algún trabajo preciso, lo harían, pero en este caso el karma de la acción realizada seria mío, porque yo los habría mandado hacerlo. Ustedes tendrían solamente el karma en una obediencia voluntariosa que, naturalmente, es muy bueno, pero no es el karma derivado de haber iniciado una línea de acción fructífera. A mí, en cambio, me interesa que ustedes

---

8 Ver, *Amore e aggezza nelli'insegnomento cristiano*; Ed. Rotonda vía Merulana-82, Roma.

mismos inicies vuestro trabajo, porque entonces el karma de la buena obra llegará a vosotros".

La seguridad en el obrar se da por el impulso interior que dirige nuestras acciones. Si no avisa que hay que detenerse, debemos avanzar seguros. El sentimiento se desarrolla y se afina con el ejercicio.

La voz no se hacía oír de Sócrates cuando lo que había resuelto hacer era bueno, intervenía solamente cuando lo que hacía no era bueno.

Es mejor actuar primero

Encuentra la ayuda en ti mismo. Es esta la verdad que debemos entender. No debes esperar de otros lo que puedes hacer solo. La puesta en movimiento es más difícil porque tiene que impulsar una materia inerte y pesada. Depende de la libre voluntad de cada uno. Es la condición primera e indispensable de cada acción que hay que realizar. El comienzo de cada tarea, pequeña o grande, es una acción personal, un acto volitivo, que contiene fuerza vital como la energía que está en la semilla.

Quien espera que otros provean las cosas que debe hacer, solo vivirá en la apatía y la pereza.

Debemos ser los primeros en actuar. Entonces, luego vendrá el resto, a completar lo que no hemos sabido o podido hacer solos. Hay que hacer en lo posible y con los medios que se tienen, aquello que puede hacerse, hasta donde alcancemos.

Los medios que tenemos hay que utilizarlos, sin soñar lo que no se tiene. "El que quiera, vaya; el que no quiere, ordene", dice un antiguo proverbio.

Saber querer

En la existencia humana hay que utilizar una armadura para las circunstancias adversas y difíciles. Hay que educarse para estar listos a enfrentar cualquier imprevisto. Hay que estar preparados para todo.

Quienes discuten el concepto de la Divinidad viviente en el hombre, con los poderes de que dispone, son llevados a interpretaciones equivocadas sobre la acción del hombre en la vida. Entre éstos es común la convicción equivocada de que todo se realiza desde lo alto sin la participación del hombre. Esto contribuye a retardar el despertar del principio crístico que hay en cada persona.

Las palabras del evangelio que justamente confirman la Providencia divina en toda la naturaleza, "desde la vida de los pájaros del campo que no siembran ni cosechan, pero el Padre los provee", han sido interpretadas de manera que determinan una actitud nociva de pasividad y fatalismo, sin pensar que la evolución del hombre se efectúa con el ejercicio y el desarrollo de las facultades que posee, y que tiene la obligación de utilizar.

Ciertamente, Dios provee, mediante la jerarquía que dirige la evolución de la humanidad, aquello que el hombre no puede realizar. Pero quien espera del exterior pasivamente lo que debe sacar de su propio interior, retarda su propia evolución y pasa la vida en el vacío del fatalismo pasivo, como les ha sucedido a algunos pueblos que en vez de sacar de las enseñanzas de su propia religión el estímulo para una acción positiva de bien, se han hundido en la apatía y la pereza, esperando de afuera lo que deberían realizar solos.

CRECE EN SABIDURÍA

Ponte en la mejor condición para ser protegido, es decir, obra bien y ante todo contigo mismo: crece en sabiduría. Paso a paso, muchos defectos y deseos desaparecen naturalmente. Cuando uno crece en sabiduría, el pequeño yo se vuelve más pequeño, disminuye, luego desaparece en un proceso natural, como al gusano se le cae la cola por obra de la metamorfosis.

Si te detienes demasiado en las cosas pequeñas, si haces en ellas desgarrones repentinos, harás como el que corta prematuramente la cola del gusano haciéndolo sufrir, sin tener en cuenta que ella cae de manera natural en el momento preciso.

Procura crecer en sabiduría según las enseñanzas de los grandes maestros, ejercita tu discernimiento para desarrollarlo siempre más, reconoce la naturaleza efímera de todas las cosas en la tierra.

No te preocupes demasiado por tantas cosas pequeñas ni por las deficiencias. De pronto te darás cuenta de que las habrás superado naturalmente, sin una atención forzada, pero en la vigilancia constante para no desviarte de la vía del amor que los guías te han trazado.

La libertad del hombre consiste en proponer causas buenas con acciones positivas y en aceptar con tranquilidad los efectos de las causas negativas puestas por él y que recaen sobre aquél.

BUSCA MEJORARTE

No te afanes por aquello que no depende de ti, no te ocupes de las cosas sobre las cuales no puedes actuar. Muchos malgastan su tiempo atormentándose y lamentándose de cosas sobre las cuales no pueden influir: nada más inútil y perjudicial.

Reserva tus energías para todo lo que puedes y debes hacer, porque es tu tarea, es tu obligación y está en tus posibilidades. A esto debes atender, pero ante todo busca mejorarte.

Mejorar depende solamente de ti. Nadie podrá hacerlo en tu lugar. Si te convences de esto, adquirirás una fuerza inmensa que operará favorablemente para tu transformación; notarás el prodigio de cambiar y tu vida tomará otro color.

Recuerda que la finalidad de tu experiencia terrenal es solo esto. El Protector Invisible estará siempre contigo, te ayudará en esto, aún de manera perceptible, si trabajas para realizar el fin para el cual has bajado a esta angustiada dimensión material.

Actuando en el bien, te proteges. Con tus buenas acciones construyes la mejor coraza: serás invulnerable a las flechas lanzadas contra ti[9]. Te protegerás emanando pensamientos de amor y de bien sobre todos y todas las cosas, actuando de conformidad a la ley del amor que gobierna la vida.

PARA RECORDAR

Se protege a sí mismo de la mejor manera, quien se crea el destino favorable obrando el bien: ésta es la coraza protectora delante de la cual el mal es impotente. Nada ni nadie podrá hacerle daño al que se reviste de esa armadura impenetrable. Esto ha sido afirmado repetidas veces, pero nunca será suficientemente porque es el punto central y el más importante.

La condición para ser ayudado por el Protector Invisible es ayudarse uno mismo obrando con rectitud y sabiduría, con la voluntad decidida de operar en el sentido del bien. Debes hacer todo lo posible para colocarte en esta condición; lo demás vendrá solo.

Debes actuar en tu existencia como si todo dependiera de ti. Pero recuerda que no todo depende de ti. Si sabes mantenerte en este equilibrio progresarás rápidamente en tu camino.

Tu debes actuar primero, no debes esperar de los demás lo que puedes hacer solo. Si no lo haces, no debes acusar a nadie más sino a ti mismo. Nadie podrá hacer por ti lo que tú tienes la obligación de hacer.

---

9 Ver A. Voldben, *Las influencias negativas. Secretos y terapias para neutralizarlas.* Bogotá Panamericana Editorial, 2006.

Pondera lo que puedes hacer y hasta donde puedes llegar, los medios que tienes, las facultades que utilizas y las que dejas de utilizar.

La ayuda llega cuando has realizado lo que depende de ti. La fuerza superior del Protector Invisible interviene más allá de este límite, completando lo que falta para aquello que somos incapaces de realizar solos.

Quien ayuda no quiere sustituir al que es débil, sino añadir lo que le falta, hasta llevar al ayudado a obrar solo y con el tiempo volverse capaz, también él, de ayudar a los demás. Éste es el ideal de toda vida en el amor.

* * *

Recuerda lo que te digo, porque es muy importante: con tus acciones eres quien construyes tu prisión, el mar en el que te hundes, o creas tus alas para volar. Tu destino eres tú, lo construyes tú mismo: graba esto dentro de ti.

Ajusta todo tu obrar a este pensamiento, que sea la norma que guía toda tu vida.

La voluntad es la más importante fuerza del hombre que actúa con el pensamiento. Encontrarás muchos que "quisieran" pero pocos que "quieren". Los "quisiera" y los "peros" constituyen la multitud gris y mediocre que habla sólo de "derechos" y desconoce los "deberes", así como la línea recta que lleva al hombre hacia su meta: los deberes hacia sí mismo y hacia la vida. Para romper la cadena que une cada cual a su propio karma, hay que librarse del egoísmo, el verdadero mal del hombre.

Tú puedes crear tu bienestar o ser el artífice de tu mal. Depende solamente de ti, de la manera como piensas y como obras. Pero recuerda siempre que el verdadero bien es el que le haces a los otros, porque tú y los otros son tan sólo un aspecto diferente del mismo ser.

Si tú haces esto con tesón, recuerda que a donde tú no puedes llegar, provee ciertamente el Protector Invisible, cuando la ayuda es para tu verdadero bien.

Cuando el dolor
y los obstáculos son
una protección

*Es un gran consuelo para el hombre saber que en el mundo invisible
existe para cada uno un protector que inspira, guía y ayuda,
especialmente en los momentos en los que hay necesidad de superar
situaciones difíciles que por sí solo no se lograría hacer, las cuales a
menudo se resuelven como por encanto.*

La luz fulgurante que derribó a Saulo en el camino de Damasco fue un llamado fulminante a un elegido que estaba saliéndose de su camino. La intervención superior para evitarnos errores o llamarnos de nuevo al camino correcto cuando lo hemos dejado, se da con todos, aunque la crónica señala solamente las más importantes.

La historia íntima de cada uno podría registrar tantas intervenciones cuantos hombres hay, pero los hechos de la vida íntima no hacen crónica y escapan a los ojos de quienes miran solamente los acontecimientos extraordinarios.

Si la existencia fuera abandonada a sí misma, a disposición de las fuerzas de la casualidad, el hombre se encontraría en una situación no solamente dramática sino verdaderamente trágica. Tantos hechos extraordinarios son testimonios de una existencia superior, de una intervención providencial en algunos momentos decisivos, de una llamada sensible en algunas circunstancias.

Son hechos que quedan grabados profundamente en la memoria por su dramaticidad, y a veces por su misterio, que nos convencen de que la existencia humana es guiada y protegida. Sucede de tal manera que al recordarlos bien, aun después de mucho tiempo, nos sentimos asombrados e invadidos por un sentimiento de misterio.

Tal vez, no hay hombre que no recuerde alguno, especialmente quien ha tenido una existencia agitada entre las vicisitudes arriesgadas de la vida de hoy, tan propensa a este tipo de sucesos.

Podemos detenernos a considerar el pasado para que pueda servir de modelo para el futuro y sacar las enseñanzas que contiene.

Las llamadas suceden porque la existencia humana, guiada y protegida, no es un hecho de improvisación ni está confiada a las circunstancias casuales. Sigue la línea de un diseño trazado para nosotros mismos antes de venir a la Tierra.

Si lo hemos olvidado a nivel de personalidad, no lo olvidamos como individualidad. Cuando los eventos nos distraen y nos alejan relativamente de esa ruta, la Providencia vigilante realiza los llamados necesarios.

Exactamente por esto somos preservados de los males que no nos pertenecen, porque no forman parte de nuestro karma y somos alejados de hechos que podrían determinar prematuramente el final de la existencia.

Disgustos, enfermedades, hurtos, percances, son pequeños males que pueden servir para ahorrarnos otros más graves. Pero en el momento no logramos entenderlos y mucho será si lo entendemos al menos después.

POR QUÉ EL QUE NOS PROTEGE NO NOS EVITA LOS DOLORES

Quien no ha entendido el sentido de la vida, es natural que piense en el dolor como un mal del cual debe alejarse, y busque evitarlo cuanto más pueda.

Pero el dolor actúa exactamente sobre quien no ha entendido de otra manera el sentido de la vida. El dolor no es un mal sino la consecuencia del mal. Quien conoce el origen y la función del dolor está comprometido, en cambio, a eliminar las causas del sufrimiento.

El hombre poco evolucionado piensa que la protección significa, a la manera humana, una tutela de las propias comodidades, una ayuda para mantenerse en una posición de bienestar y de goce; en una palabra, en defensa del propio egoísmo. Pero esta interpretación es completamente equivocada.

El egoísmo es tan solo una condición animal, pasajera. Aunque útil y necesario para algunos momentos de realizaciones materiales, es absolutamente dañino para los fines del progreso y de la evolución posterior. El animal debe vivir en el egoísmo para conservarse, al no tener uso de razón ni autoconciencia.

El objetivo del dolor es hacer salir al hombre del egoísmo que tiene desde el nivel animal, y hacerlo subir al plano de la conciencia y del espíritu. Quien creyere estar protegido para mantener su estado de comodidad, además de ilusionarse a sí miso por una cosa imposible de conservar, realmente querría impedir su progreso y se causaría a sí mismo un verdadero mal.

Está asistido por el Protector Invisible, aun quien transita por las vías del egoísmo y hasta del delito. Puesto que no oye ninguna otra voz, está aparentemente abandonado a sí mismo para aprender sólo con el dolor, a través de la prueba personal.

También el borracho que da tumbos de una acera a la otra, aprende directamente de las esquinas de las paredes o de las ruedas de los carros, la inconveniencia de caminar en zigzag por las calles, en vez de hacerlo derecho y con lucidez mental. La experiencia del dolor es la mejor maestra de sabiduría. Pero el que sabe entender por otro medio no necesita del dolor para entender.

El dolor es un llamado para quien sabe entenderlo y lo escucha, es el impulso para formar la propia conciencia, y es el producto del estado del egoísmo del que hay que salir para realizar el camino espiritual.

Cuando, con el amor, el hombre se haya trasladado a un nivel más alto, entonces cesará también el dolor. Si sabe sustituir el impulso del egoísmo con el amor, entonces se desvanecerán muchos temores, luchas, conflictos y, por consiguiente, también tanto dolor.

Esperar de otros, como un bien, la liberación del dolor, es un error y una ilusión. El dolor sólo cesará cuando se hayan arrancado las causas que se encuentran dentro del hombre; inconsciente todavía de que será sometido a todos los engaños, las ilusiones y por ende a todos los dolores mientras viva en su egoísmo. Somos nosotros, cada uno de nosotros, quienes debemos realizar esta acción en nosotros mismos; nadie podrá hacerlo por nosotros.

UN CAMINO PROTEGIDO

El camino que cada uno de nosotros recorre está defendido y protegido: esta convicción debe estar arraigada en el corazón de cada uno.

La protección y la asistencia se dan para realizar el objetivo de la propia vida. El mundo invisible nos defiende de todo aquello que podría impedir su cumplimiento. Esa es la razón de las circunstancias y los hechos que vivimos, para que se produzca el efecto fijado y se obtenga el resultado deseado para el cumplimiento del proyecto.

La protección se demuestra aún en las adversidades. Así pues, quien nos cierra el camino no está haciéndonos nada agradable, pero está cumpliendo su función: o de reforzar nuestras energías para superar los obstáculos o de evitarnos providencialmente un camino que no nos conviene.

En el drama de la vida humana estamos frente a los hechos de la existencia como ante un mapa topográfico: ahí están las indicaciones de las carreteras, de los montes, de los despeñaderos, de los valles. Sin embargo no los vemos. Es como un mapa animado, donde las luces se encienden tan solo para hacer aparecer el punto en el cual nos encontramos en ese momento. No podemos hacer muchos cálculos porque no vemos lo que está detrás, ni el final del recorrido.

Si ésta es la dramática condición humana, muchos elementos e innumerables hechos existen para demostrar que el hombre nunca está abandonado: su camino es guiado, una mano invisible defiende el recorrido de interferencias exteriores.

Seguramente, nunca es agradable ver que nos cierran el paso. Algunas clausuras desagradables van contra nuestros deseos.

Esto le sucede a quien transita un camino con algunos terraplenes que interrumpen el tránsito y obstaculizan la visión, pero evitan que se accidente o se precipite por un abismo[10].

El hortelano que quiere hacer llegar el agua a un punto determinado, cierra las demás salidas y deja abierto solo aquella por la que quiere conducirla. Las puertas cerradas son desagradables, pero nos equivocamos al no entender que no debemos pasar por ellas. El cierre es providencial: es la ayuda y la protección que se nos da para evitarnos daños.

El Invisible nos ayuda en esto; si, de otra manera, fuéramos abandonados a nosotros mismos, ciegos como somos, sería nuestra destrucción. Quien camina por la vía del amor encontrará los guías que lo ayudarán para alcanzar la meta y el Protector Invisible será el compañero de cada instante.

---

10 Ver A. Voldben, *Un'arte di vivere.Via segreta alla serenità*. Ediciones Mediterranee, Roma

Función protectora de los obstáculos en la acción del Protector Invisible

El hombre mediocre no sabe ver más allá del obstáculo, no se da cuenta de que a menudo detrás del obstáculo se esconde un precipicio. El obstáculo, la barrera, son frecuentemente el cierre providencial de un camino que llevaría a una meta equivocada.

No comprendemos la razón de las dificultades, sino que porfiamos contra ellas sin examinar los motivos, y hasta nos enfurecemos contra el que puso el obstáculo, cuando deberíamos agradecerle por el peligro que nos ha evitado.

Ciertamente se trata de desarrollar el discernimiento personal para distinguir a qué categoría pertenece la dificultad, para no rendirse inmediatamente con cobardía, para distinguir si debe superarse o debe cambiarse la ruta.

La importancia protectora de los obstáculos, de las barreras, de los fracasos, de las interferencias es grande, porque además de ser una escuela más instructiva que un acontecimiento positivo, un triunfo o una victoria, es, a menudo, una manera de preservarnos de los males y problemas seguros.

En nuestra condición de escaso discernimiento, la mayoría de las veces ni siquiera nos damos cuenta de la ayuda que nos da el Protector, aun cuando sea a través de acontecimientos desagradables que vienen a ser nuestra salvación.

El Protector Invisible logra nuestro bien sin que nos demos cuenta. Incluso nos quejamos o rebelamos por cosas que son nuestro bien verdadero. Un atraso en un horario, una negativa, un día de lluvia que hace que dos personas se encuentren, un contratiempo, pueden ser circunstancias de las cuales depende todo el resto de la vida de una persona. Lo mismo puede decirse de una cita fallida, un incidente, un acontecimiento que consideramos una desgracia, un encuentro, un atraso; cualquier circunstancia puede servir para modificar la vida de alguien o darle un nuevo curso a su existencia.

El hombre ve el efecto pero no logra percibir el mecanismo que mueve el todo, y para ocultar su propia incapacidad de entender y la miopía que le permite solamente ver de cerca, lo llamo "casualidad". Pero las dificultades desaniman solamente a los débiles que cambian en seguida el camino. Por el contrario, ante cada dificultad el hombre debería detenerse para entender su significado.

La publicación del libro *Después de Nostradamus. Las grandes profecías sobre el futuro de la humanidad*[11] debía ser realizada en un primer momento por un editor que me había invitado a presentar el borrador. Pero, después de examinarlo, objetó la publicación, porque el contenido coincidía con la ideología del editor. Esto me fastidió y lo interpreté como un mal agüero. Habría sido una verdadera desgracia si lo hubiera publicado. El Protector Invisible no tardó en manifestar claramente su intervención providencial, haciéndome entender que se había cerrado una puerta peligrosa para que se abriera la correcta: el

11 Ediciones Mediterranee, Roma.

editor quebró clamorosamente poco después. El libro fue publicado por otro editor más conocido y de mayor prestigio, y fue un éxito: se hicieron varias ediciones y fue traducido a siete idiomas.

EL VERDADERO SIGNIFICADO
DE PROTECCIÓN Y BIEN

El significado de protección, pues, no es evitarle al hombre los incentivos a su evolución, porque sin estos estímulos se estancaría en el estado animal. Si el hombre entendiera la verdad por otro camino, no sería necesario el dolor que no es en sí un mal en cuanto cumple una función positiva. Por eso, el dolor mismo es un protector, aunque suene paradójico.

El bien es la realización de la propia evolución, el mal la retrasa. Pero la visión limitada del hombre no sabe ver tan lejos para distinguir su verdadero bien en los hechos desagradables. La protección funciona no porque seamos unos privilegiados, sino para que se cumpla lo que está contenido en el propio destino y es útil para realizar la propia tarea y el progreso espiritual.

Para esto los guías buscan eliminar las causas del dolor, es decir, el egoísmo, brindando enseñanzas para este fin y ayudando con sugerencias del más alto valor moral. En esto consiste su ayuda. Ellos curan las causas para que no produzcan efectos desagradables, quieren llevarnos a ese nivel de luz donde ellos se encuentran, preservados de la condición de dolor a donde el egoísmo arrastra a quien todavía no ha comprendido el verdadero significado de la vida.

Protección es lo que ayuda a conseguir el verdadero bien: la vida es un medio, no es el fin. Si una medicina es útil para la curación, es un bien, de la misma manera que una operación quirúrgica es útil y buena cuando sirve para curar, aunque sea dolorosa.

El mundo invisible gobierna el mundo material, y para eso utiliza todo, aun aquello que a nosotros, de momento, no nos gusta.

En las páginas siguientes se apreciará mejor cómo una desgracia, una enfermedad, un percance, pueden ser una protección, porque la asistencia del Protector Invisible busca nuestro verdadero bien.

Incluso aquellos que nosotros llamamos "enemigos" pueden ser instrumentos, como quien nos combate, se nos opone o nos obstaculiza. El director de nuestra experiencia existencial, nuestro guía, nos hace llegar la ayuda que viene de lo alto, por muchos caminos, aun por los más inesperados.

Por eso el hombre sabio, que conoce esto, nunca se altera, ni siquiera frente a los problemas, a los males, a los conflictos, a las oposiciones, a los contratiempos. Él sabe que todo concurre al verdadero bien, aunque de momento no se entienda. "Todo lo que sucede es lo mejor que puede suceder", ésta es su máxima. Y él se deja conducir, se entrega a todo lo que no depende de él, según las enseñanzas de la sabiduría antigua.

El abandono o la Divina Providencia para las cosas que no dependen de nosotros es la realización práctica de la oración más elevada del hombre: "Hágase tu voluntad".

UNA FIEBRE PROVIDENCIAL

Desde algún tiempo frecuentaba la librería un fulano que decía ser repatriado de no se cuál frente de batalla en el período de la posguerra.

Era joven, decía ser un oficial, pero tenía un aspecto descuidado. No compraba libros, pero se detenía a mirar. Un día propuso un negocio: en Florencia un conocido suyo vendía la Enciclopedia Treccani, pero había que ir en seguida al lugar con el dinero, para no dejar escapar la ocasión.

La tarde siguiente me asaltó una inexplicable inquietud, y luego una fiebre repentina que me impidió ir a la cita fijada en la calle Largo Brancaccio.

Después de algunos días volvió el joven, acompañado de dos individuos de aspecto sospechoso. No preguntó ni siquiera el motivo de haber faltado a la cita, pero noté que los dos acompañantes estaban empeñados solamente en mirarme con insistencia como para grabar bien en la mente mi fisonomía, sin mostrar el mínimo interés en los libros.

El joven volvió a insistir en la conveniencia y la urgencia de comprar la Enciclopedia Treccani, proponiendo otra cita para el día siguiente en la zona Batteria Nomentana, en las afueras de Roma, por la noche, para poder llegar a Florencia hacia la media noche, en un carro de un amigo suyo. La condición era llevar el dinero para comprar y retirar de inmediato la enciclopedia.

Solo entonces, por una iluminación intuitiva, entendí la situación y con quién tenía que contar. El día de la nueva cita tuve de nuevo fiebre alta, repentina e inexplicable. Naturalmente, no fui.

La confirmación segurísima de lo que había sospechado sucedió unos meses después, cuando por una extraña circunstancia, supe personalmente que el joven formaba parte de una peligrosa banda.

Era la época en que los periódicos estaban llenos de noticias sobre robos, homicidios, rapiñas, que en el desajuste de estos días se había vuelto común.

El Protector Invisible me había ayudado, impidiendo que fuera víctima de esos hombres, dedicados a una vida tan desgraciada. Ésta no fue la única circunstancia en la que una indisposición providencial impidió la realización de hechos seguramente dañinos.

Este fenómeno de la fiebre se ha repetido varias veces en mi vida cuando he debido abstenerme de hacer alguna cosa especial: una advertencia algo extraña pero concreta que me da una señal, de la misma manera que el semáforo rojo marca el alto para evitar accidentes.

El Protector Invisible se sirve de esto en mí, y da señales diferentes a otras personas. Hay que estar muy atentos para entender la señal que el Protector Invisible nos envía para nuestro bien.

También lo desagradable

La muerte de una persona querida es siempre una ruptura dolorosa, especialmente cuando los nexos son fuertes, pero en muchos motivan un despertar a los valores del espíritu y el dolor se ha transformado en un verdadero renacimiento.

Las adversidades no son necesariamente males, ni el golpeado por desgracias es siempre culpable. Las adversidades, por el contrario, son no sólo un agua purificadora que lava y nos hace sentir más frescos, sino que a menudo cumplen la tarea de preparar nuestras energías y volverlas a templar. Hay tareas difíciles, capacidades que debemos adquirir y pruebas complicadas que se dan precisamente para desarrollar las facultades y perfeccionar las que ya poseemos. Hemos visto cómo algunos obstáculos son providenciales y muchos de ellos se presentan para evitarnos consecuencias dolorosas.

Para entender el verdadero significado de protección, se necesita entender que es un mal sólo lo que impide o atrasa el progreso espiritual del hombre o no permite su concurso, porque la meta de la vida es ascender hacia una mayor perfección.

Este y no otro es el concepto sustancial, tan diferente del concepto de un efímero bienestar, que es tan breve y aleatorio, en la fugaz existencia terrenal, que no merece ser tenido en cuenta.

El hecho de ser preservados de desgracias sacude no sólo nuestra emotividad, sino también, y tal vez más fuertemente, nuestra fantasía: comparando el dolor que se evita con la suerte de quien, en cambio, es golpeado, nos consideramos afortunados por haber sido preservados, sin averiguar si se ha realizado nuestro verdadero bien, que no es nuestra comodidad o aquello que es de nuestro gusto. Nuestra visión limitada nos hace sentir compensados por haber evitado el dolor y no buscamos más allá.

Los hechos más clamorosos impresionan. Por eso nosotros consideramos protección los hechos que nos amparan de males y desgracias. Pero éste es tan solo un aspecto parcial. Así las curaciones repentinas de males, los prodigios, etc., son el aspecto agradable, mientras el hombre olvida que también un hecho desagradable, un accidente de carretera, una enfermedad o cualquier desgracia aparente pueden ser una ayuda y una protección efectiva. Aunque es más difícil aceptar inmediatamente esto como una protección, solamente con el tiempo se entiende su alcance real.

La ayuda, la protección y la asistencia se verifican no sólo cuando somos preservados, sino cuando somos golpeados por aquello que nos pertenece como saldo de nuestras deudas pasadas. Entonces se cierra la cuenta y lo que debe ser, es bueno que lo sea.

Por esto escribió Aurobindo: "La Providencia no es tan sólo lo que salva del naufragio en el cual todos los demás perecen. La Providencia es también lo que me arranca aun la última tabla de salvación, mientras todos los demás se salvan, y me hace hundir en el océano".

Los criterios y los fines de la Divina Providencia son más altos y anchos que los de los hombres cuya vista es corta y escasa.

Quien entiende el verdadero significado de las contrarieda-
des comprende muchas cosas de la vida. El que ha entendido
este significado sabe que solamente esto es progreso espiritual, que es el verdadero bien del hombre.

La ayuda del Protector Invisible se nos da para esto. A cada
uno le llega el momento de ser salvado físicamente y el momento en el cual el karma debe cumplirse.

Un concepto de la vida
que debe ser superado

Hemos dicho que casi todos nos consideramos protegidos
cuando estamos bien, cuando se nos ahorran desgracias y
problemas. Midiendo la protección con este criterio, buscamos tranquilidad y bienestar como fin, si no como último
fin, ciertamente unos de los más importantes de la existencia
humana.

Entre los hebreos era considerado como bendito de Dios el
que tenía mujer, hijos, ganado y campos en abundancia. Este
concepto materialista y miope, como muchos otros, infortunadamente se trasladó al cristianismo, ciertamente por obra
de los primeros cristianos, y de los monseñores y canónigos
que han administrado los bienes. Es la existencia concebida
como fin en sí misma, la concepción más banal, típica de
quienes buscan la felicidad donde no se puede encontrar, y lle-
vada luego a los epígonos más negativos del judaísmo: Marx y
Freud.

La nueva luz fulgurante traída por Cristo, negada y tenazmente contradicha por ellos, ha encontrado la oposición más oscura. El concepto cristiano de la vida es el amor: sacrificio de sí por el bien de los demás, es decir, la entrega. Con eso el hombre se coloca sobre el plano solar más elevado donde la vida vuelve a adquirir su significación más alta y verdadera.

El fin de la vida no es el bienestar material, estar lo mejor posible y disfrutar de la vida como fin en sí mismo. Su verdadero fin es evolucionar, mejorar espiritualmente, progresar en el bien. Todo debe dirigirse a esto: a aprender a superar las dificultades, no a eliminarlas.

CUANDO LA AYUDA NO LLEGA

Existen condiciones producidas por el karma que no pueden cambiarse, aunque, en algunas circunstancias, el karma puede ser transferido del plano físico al plano psíquico, y viceversa. El karma debe agotarse para el bien de aquel que lo soporta. Es necesario, entonces, recordar que existen límites a la acción de ayuda que los guías pueden darnos. A veces la ayuda que falta se refiere a estos límites insuperables, colocados únicamente por nuestro modo de obrar. Una sentencia hindú dice: "Cada acción iniciada por el hombre para alcanzar un fin determinado se lograría, si no estuviera la acción de la vida anterior para impedirlo".

Nada del pasado se pierde, ni siquiera el mínimo pensamiento, del bien o del mal. Hemos formado como una reserva, en un depósito personal. En el instante de la necesidad alguien abre el canal, y la energía depositada fluye para darnos lo que nos hace falta en ese momento. Son los guías quienes manejan este mecanismo, pero hay que recordar siempre que el primer protector son nuestras acciones, y los guías administran nuestro karma.

La cantidad de sufrimientos que nadie podrá quitarnos es parte de nuestra carga que debe agotarse. Ha sido acumulada con nuestras acciones y, ahora, debemos destruirla, emparejando las cuentas.

Delante de esto se detiene la acción de ayuda del Protector Invisible. Es como el "hado" de los antiguos ante el cual era impotente hasta la intervención de los dioses. La ayuda puede consistir solamente en volver tolerable el peso, mientras el dolor cumple su acción purificadora. En estos casos puede afirmarse que la acción del Protector Invisible se materializa si la ayuda que se nos da es hacernos aceptar con resignación y con paciencia lo que no puede evitarse de otro modo. Hemos conocido esta ayuda en nosotros y en otros.

Hombres crucificados en su lecho de dolor por toda la vida han permanecido tranquilos, aceptando, porque son conscientes de los valores espirituales de la vida. Quiero recordar uno solo, figura luminosa e inolvidable: Julio Di Mattia. Privado de ambas piernas y sin las manos, con el tronco sobre una silla de ruedas, imposibilitado para moverse solo, permanecía sereno y sonriente como si el mal no le importara. De joven había sido actor de la compañía de Petrolini; muy ágil, bailaba y recitaba. La ultima vez que lo vi bromeando sobre su misma mutilación, me dijo: "Ven a visitarme, te espero, ¡bien parado y en posición firme!".

No tenía pies ni piernas, pero permanecía sereno, como quien ha entendido los motivos y la función del dolor. En Castel Giubileo, donde vivía, era el consuelo y el ejemplo para todo el que iba a visitarlo. De su conversación saqué una impresión profunda, que está viva después de muchos años, como en contacto con alguien que no pertenecía a la común sociedad de los hombres, sino con un espíritu grande, disfrazado de infeliz mortal, para recordar, a quien sabe comprender, dónde están los valores reales de la vida.

LA PETICIÓN MÁS SABIA

El hombre quiere liberarse de los males que lo afligen. San Pablo también pedía ser liberado de lo que él llamaba "un aguijón en mi carne". No sabemos de qué se trataba, pero su petición no fue acogida. Para él era necesario ese peso, y le fue contestado: "Te basta mi gracia", es decir, la ayuda para soportarlo. Para su temperamento fogoso, aunque domado por las fatigas de una vida muy agitada, ese peso cuya liberación pedía le fastidiaba pero seguramente era necesario.

Hay cargas que debemos llevar por toda la vida, para nuestro bien, un bien que no siempre logramos percibir inmediatamente. Si fuera bueno eliminarlo, nuestros guías lo harían; especialmente quien ya ha logrado su despertar espiritual es quien se lo pide.

Nadie puede vivir sin algún peso: es la condición misma de la existencia humana que como la correa con que se afila y vuelve más cortante el cuchillo, y más apto para el uso que quiere dársele.

Si por absurdo el hombre obtuviera todo lo que pide, iría sin duda al encuentro de un daño, dada su absoluta falta de discernimiento sobre un verdadero bien.

Al no distinguir los valores reales de los ilusorios, preferiría pedir todo lo que le procurara placer como honores, riqueza, éxitos materiales, vida larga y tranquila o, más todavía, no morir nunca y vivir entre goces de toda clase, con el máximo poder, porque no reflexiona si lo que pide es para su bien o para su daño. Naturalmente, todo esto sin hacer el mínimo esfuerzo para conquistarlo, sino con un simple requerimiento verbal o con la menor fatiga mental.

Lo absurdo, o mejor, lo inmoral de todo esto, es evidente hasta para quien no tenga muy desarrollado el sentido de la justicia o el simple sentido común. Ningún padre pondría una navaja en las manos de su pequeño, sólo porque se lo pide. Y, ¿quién puede pensar que Dios por medio del mundo invisible, donde operan los guías y los maestros, puede conceder solicitudes que provocarían la ruina del que las hace? Sería el final de toda evolución y para el hombre su segura autodestrucción. Por esta principal razón no podemos recibir ayuda en todo lo que pedimos.

Pero hay un karma que debe agotarse cuando las solicitudes no son satisfechas. Ante él nada es imposible, por el mayor bien de cada uno.

El hombre necesita aprender, ante todo, a salir del egoísmo, y para eso sirven las situaciones adversas y molestas que lo obligan a sacar de sí todas las fuerzas y las capacidades para superarlas por sí solo. Esto es la vida misma y la condición de su progreso. Cuando haya nacido en él el amor, que lleva a su vida la armonía con todas las cosas, solamente entonces estará en condición de pedirle a Dios lo que ha aprendido a pedir con fe.

Antes, la escasa capacidad de discernimiento no le permite entender cuál es su verdadero bien. Por eso cree que es un mal para él lo que le disgusta, y pide ser liberado de eso. Si pidiera que se alejara de sí todo disgusto y fuera complacido, quedaría condenado a una inmoralidad regresiva que sería para él la condena más atroz que lo llevaría a la autodestrucción.

* * *

La petición más perfecta es, sin duda, la que le hizo Jesús al Padre: "Hágase tu voluntad". La sabiduría oriental (*Sarvamangala-mi*) también nos presenta una de elevado valor espiritual:

No pido estar exento de peligros.

Sí pido no tener miedo para enfrentarlos.

No pido que mi dolor sea aliviado.

Sí pido el corazón para superarlo.

No busco aliados en el campo de batalla

de la vida, pero sí busco mi fuerza.

No imploro con miedo ansioso ser

salvado, pero sí espero tener paciencia

para conquistar mi libertad.

Cuando la ayuda no llega, el hombre no evolucionado acusa a los demás de sus males, acusa también a Dios, y a veces llega hasta negarlo. Es el niño que se rebela cuando no complacen sus caprichos. Éste es también uno de los pretextos comunes de los hombres todavía inmaduros para no buscar verdades más elevadas.

Cuando la ayuda no llega, es necesario averiguar el porqué. Recuerda, sobre todo, que lo que ha de ser será, porque nada podrá impedir su cumplimiento en la economía de un proyecto no fabricado por el hombre, pero en el cual el hombre debe participar.

* * *

He aquí la plegaria de un lama que, aunque sus oraciones no habían sido escuchadas, rezaba así:

Te he pedido Señor, la fuerza para el éxito,
y me has vuelto débil para que aprendiera a obedecer;
te pedí la salud para hacer cosas grandes,
y he recibido la enfermedad para hacer cosas mejores.
Te pedí la riqueza para ser feliz,
y he recibido la pobreza para ser sabio.
Te pedí el poder para ser apreciado por los hombres,
y recibí la debilidad para tener necesidad de ti.
Te pedí la amistad para no estar solo,
y Tú me has dado un corazón para amar a todos los hermanos.
Te pedí todas las cosas que habrían podido alegrar mi vida,
y Tú me diste la vida para que me alegrara por todas las cosas.

No he tenido nada de lo que pedí,
pero he tenido todo lo que había esperado.
Casi a pesar mío, mis plegarias
no formuladas han sido satisfechas.
Soy el más favorecido de todos los hombres.
Gracias, Señor.

Si lo das todo, todo lo tendrás

El Señor es mi protección.

De los *Salmos*.

Nadie podrá recibir si no ha dado: es la ley natural en todos los planos de la vida. Cada uno recibe lo que ha dado.

Dad y se os dará.

Al que tiene (amor) *se le dará* (amor) *y al que no tiene* (amor) *le será quitado aún lo que tiene*, esto es, el amor que todos los demás tienen por él.

Dado que has superado el concepto egoísta de la vida, has entrado en una esfera de luz que es el plan del amor. Allí te sentirás uno con todas las cosas; estás bajo la influencia del Protector Invisible porque has entrado conscientemente en el circuito de su acción más directa y potente.

Tú has escogido el bien como objetivo de tu vida: es el más alto ideal para los días de tu corta existencia terrenal.

El error común de los hombres es pensar que tenerlo todo significa abundancia de bienes y de riquezas, más de lo necesario para la existencia. Pero tenerlo todo quiere decir especialmente no carecer de nada de lo que se refiere a la propia evolución espiritual. Ésta es la plenitud, la primera es a menudo fuente de preocupaciones. Nadie os disputará la segunda, todos os envidiarán y os pelearán la primera.

La riqueza material es a menudo adquirida a expensas de otras personas, mientras la abundancia de lo que se refiere a la evolución espiritual es frecuentemente también un enriquecimiento para los demás y un beneficio para todos los que nos rodean.

La riqueza es perecedera y momentánea; la verdadera abundancia de cualidades espirituales constituye nuestro patrimonio continuo que siempre llevaremos con nosotros.

Vivimos en una época en la que el progreso industrial ha valorado la noción del número, del volumen y de la cantidad, mientras lo que realmente vale es la "calidad"; y ésta debe preferir el que ha alcanzado a distinguir los valores de la vida de las cosas efímeras e ilusorias.

La abundancia se adquiere y se conserva cuando se llega a ser un canal abierto, en el cual fluye el bien que se les da a los demás. Somos los intermediarios entre lo divino y lo demás. "Para ser admitidos a recibir del Invisible —afirma Georges Barbarín—, es necesario que nosotros también donemos. Si se abre completamente nuestro grifo, más agua llegará a la fuente. Pero si cerráis vuestro grifo la mitad o del todo, pasará solo la mitad, del agua, o nada".

El mismo Barbarín, después de haber afirmado que doblando la capacidad del grifo se recibe el doble de agua, añade: "Esto porque vosotros debéis ser no solamente un canal, sino un canal siempre abierto. Si esta ley penetra en vuestro espíritu y la aplicáis sin debilidad, os decimos que vuestra vida espiritual y material se volverá un milagro cotidiano".

Dona lo que recibes

Si sabes conservar una conexión constante con los guías, podrás aprovecharte del flujo de corriente de energías que ellos emiten no solo en beneficio de tu salud espiritual, sino también para ayudar a otros. Además, invocando la presencia divina sobre ti, obrará inmediatamente la energía que pone en movimiento las fuerzas más elevadas de la vida.

Al hacer uso consciente de estas fuerzas, podrás dirigir las corrientes de energía espiritual sobre quien más las necesite. Estas energías bienhechoras no conocen obstáculos.

Con esta actitud, te darás cuenta del gran poder que tienen estas energías, mientras quien obstaculiza o no ayuda, no sólo no recibirá ayuda para sí, sino que deberá remover con pena y fatiga los obstáculos que él mismo ha creado.

Toda ayuda recibida debe retransmitirse a otros, de manera que evita obstaculizar a quien está en capacidad de subir más alto, y ayuda a todos para el bien. No retengas para ti lo que debes redistribuir a los demás porque no es tuyo: esta es la condición para recibir siempre, continuamente y en abundancia.

Somos como las ramas de una planta: la savia que pasa por los vasos es repartida y luego devuelta en forma de hojas, flores y frutos.

No puedes retener lo que has recibido porque sufrirás los daños que caen sobre el que malamente ha quitado y sustraído lo que debe circular en la vida de todos.

Se te da para que seas canal para los demás que esperan alimento de ti.

Cuando les das a los demás lo que has recibido, te pones en la situación de recibir todavía más, abres más el canal que te une a las fuerzas invisibles de los más adelantados, al Protector Invisible: de ellos recibirás toda la ayuda que necesites.

DONDE EL MAL NO PUEDE LLEGAR

¿Existe una receta para no ser golpeado por lo males de la vida?

Si pudiera comprarse en algún lugar, se formarían filas interminables, más grandes de las que hoy se hacen para comprar ciertos remedios-venenos en las farmacias.

Sin embargo, el antiguo "conócete a ti mismo" quería llevar al hombre a la eliminación de todos los males, a través del conocimiento de las causas que se encuentran solamente dentro del hombre.

A este fin han querido dirigirse las enseñanzas de los sabios. De ellos pueden aprenderse las mejores señales para la única felicidad posible en la Tierra, la serenidad, aun en medio del sufrimiento[12].

Lo importante es no abrir cuentas nuevas para pagar después, creando causas de sufrimientos futuros. Esta inmunidad de futuros males se logra por la propia evolución y a través de la ayuda que nos da Aquel que conoce las leyes superiores de la vida.

Quien ama devuelve más rápidamente, porque el amor abarca el ejercicio de todas las virtudes. No es necesario ser ya grandes espíritus para amar, basta ser hombres de buena voluntad. Tendremos entonces una ayuda siempre dispuesta de parte de los grandes espíritus que dirigen a los hombres, porque la paz fue traída a la Tierra para los hombres de buena voluntad.

EL AMOR ES LA CORAZA PROTECTORA MÁS POTENTE

En un libro oriental (*Vinaya*, V, 6), código sagrado budista(*Tripitaka*), que contiene las reglas de la disciplina monástica, se narra:

"(…)Entonces, en ese tiempo, un monje murió por la mordedura de una serpiente. Se lo dijeron a Buda, y él contestó:

---

[12] Ver *Un'arte di vivere.Via segreta alla serenità*, de A. Voldben. Ediciones Mediterrane, Roma.

Ciertamente, monjes, *ese monje no extendió su amor a las serpientes, porque en ese caso no habría muerto por haber sido mordido*"[13].

Amar es sentirse "uno" con todas las cosas y es el sacrificio de sí para el bien de los demás. Por tanto, no es sólo profesión verbal, que se queda en palabras llenas de énfasis. Si existiera esa carga de amor, con pureza y sencillez, no se recibiría ningún mal. En este sentido Platón escribió: "Nada puede hacerle daño al hombre justo"[14].

Tendrás el manto protector más seguro que todas las protecciones, de veras invulnerable, que ninguna flecha o proyectil podrá penetrar, si tú amas con sinceriad a todos y a todas las cosas.

Tu intención limpia te protege de los efectos de tus acciones. Ella misma es una fuerza que produce efectos positivos. Puedes caminar seguro sin temer nada cuando tu acción está inspirada por pureza de intención.

Cuando la intención está inspirada por el bien, es decir es pura, está libre del karma, esto es, de cualquier efecto negativo. Por esto se dice que hagamos el bien, sin preocuparnos de ver inmediatamente los efectos.

Las acciones inspiradas por el amor están protegidas, porque solamente el amor no produce karma negativo. Es una protección automática tal que ninguna fuerza o influencia puede tocar. Pero es necesario que sea verdaderamente puro,

---

13 Ver *Saggezza dell'Oriente*, de A. Rotondi. Casa Editora Astrolabio, Roma.

14 Ver *Saggezza dell'antica Grecia*, de A.Rotondi.Librería Rotonda,Via merulana-82, Roma.

no contaminado por el mínimo egoísmo. Conocemos cómo nuestro pequeño yo egoísta sabe disfrazarse e insinuarse con unas maneras traicioneras y astutas. Estas contaminaciones, como polvo magnético, atraen efectos negativos incluso sobre las acciones que parecen buenas.

Si trabajas para un ideal que trasciende tu egoísmo, más allá del mezquino interés personal o de grupo, serás protegido y ayudado por las entidades superiores que trabajan para el mismo ideal. Si estimas a los demás como a ti mismo, habrás superado la prueba del amor.

El bien que haces convocará alrededor de ti la legión de fuerzas de la luz que operan para el bien: formarán la más segura defensa y ya no estarás solo. Por esto, quien ama es inexpugnable. Con el amor se saldan las cuentas pasadas y no se abren nuevas.

El bien es una coraza invulnerable, la más segura, que ninguna fuerza puede vencer porque está más allá de las potencias inferiores, a donde ellas no pueden llegar. Trabaja para una humanidad mejor, y disfrutarás así, naturalmente, de la protección de quienes trabajan para la misma causa.

LA FE EN LA AYUDA

La manera más eficaz para lograr la ayuda del Protector Invisible es visualizar lo que se pide como si se hubiera obtenido ya. La única salvedad debe consistir en que sea conforme con la voluntad divina que obra solamente el verdadero bien.

El poder de la fe es de una fuerza impensable para quien no conozca su mecanismo. La fe es la más potente energía del pensamiento que actúa eficazmente sobre las cosas y las transforma.

Cuando vencemos un mal, no hemos hecho otra cosa que cambiar la composición de unas moléculas creando autodefensas de efecto seguro. Esto es el producto del instrumento más prodigioso del hombre: el "pensamiento-voluntad".

El pensamiento que penetra en lo más profundo, movido por una rígida e inflexible voluntad, mueve con la potencia del convencimiento, y nada puede resistirle. La fe opera de la misma manera que una palanca interior, insertada en lo más íntimo, y transforma las cosas y los hechos del mundo material, porque movida desde un plano más alto, opera dentro de nuestro yo, entidad o esencia primaria. Por esto la verdadera fe es propia de quien está en contacto con los planos más altos de la vida.

Fe es visualizar una cosa como ya terminada en su totalidad, mirarla como la realidad de un hecho acabado. Nada puede resistir a esta creación de la mente.

La fe libera y lleva al plano de la realización.

"Tu fe te ha salvado", decía Jesús después de haber realizado una sanación. Fe puesta en acción por la potencia que hay en nosotros, pero en colaboración con la fe del que nos guía de acuerdo con la luz íntima, Dios, en el cual todos somos y vivimos.

La fe superior a todas es la fe en los asuntos del espíritu, en Dios, en la Providencia; es la única fe que le da serenidad al hombre. Cuando penetra en el hombre la convicción profunda de estar guiado, asistido, ayudado, le da una absoluta confianza y le infunde el sentido de abandono en la Divina Providencia y de amor para ayudar a los demás.

* * *

Lleva contigo la lámpara encendida para no caminar en la oscuridad. Que la fe sea tu luz, que ella te ilumine a ti y a los que están cerca.

Comunica tu calor al que lo necesita, así la fe y el amor estarán unidos reforzándose uno al otro.

Alimenta tu fe con buenas acciones. El efecto de vuelta, como reverberación de luz y calor, iluminará tu espíritu y lo calentará. Es el medio más directo y seguro. Cualquier otro camino, como el intelectual, es ilusión de luz refleja que no puede promover un crecimiento verdadero porque carece de calor.

* * *

No existe en el mundo una razón válida para que un hombre que posee la fe pueda estar intranquilo. Él vive en la perfecta serenidad interior, aun en medio del remolino de las fuerzas exteriores agitadas. Separado en la alcoba secreta del corazón, donde arde la llama del "yo" espiritual que le da luz y calor, saca la fuerza que le viene de la conexión con la gran luz que gobierna la vida y los mundos. En él, la chispa que es potencia, lo cuida, lo guía y le ayuda.

* * *

Abandónate completamente, con tu fe, a la Divina Providencia, y a cambio tendrás todo lo que necesitas para progresar en la vida espiritual.

DOS ALAS PARA VOLAR: FE Y AMOR

El yo espiritual despierto se expresa con la fe y con el amor.

Estas dos son las alas para volar por encima de todas las limitaciones humanas y sobrevolar toda mezquindad; volar hacia Dios, por encima de las miserias de los hombres.

Pero si quieres acrecentar la fe, practica el amor.

Si quieres tener más amor, ten fe.

Fe y amor se entrelazan siempre, inseparables, tejiendo el lazo de nuestra salvación.

Nadie ni nada lograrán romperla.

El mal es rechazado por la fuerza conjunta producida por la fe y el amor. Esto porque el mal no es una entidad autónoma, sino la ausencia del bien, como la sombra es ausencia de luz.

Delante de la luz, la sombra se desvanece sin remedio, porque la sombra no tiene consistencia en sí misma.

Cuando el hombre ha despertado el yo superior, tiene un amigo seguro que lo acompañará en todas las circunstancias de la vida.

El yo de la personalidad es muy diferente en sus manifestaciones concretas, tiene escasos poderes, una actuación limitada a sus posibilidades físicas, restringidas por el cansancio y el sueño; sus facultades no siempre pueden alcanzar el objetivo porque su potencia y amplitud están relacionadas con demasiados elementos.

Quien en cambio ha despertado el yo superior, ha formado dentro de sí el poder verdadero que aleja el mal y atrae el bien: es una carga formada por dos poderosos magnetos: fe y amor. Son la expresión del yo espiritual, inseparables entre sí, porque la fe produce amor, y el que tiene amor posee también la fe. Ningún temor sacude la vida del hombre que posee estos talismanes de la propia existencia.

Una sociedad con el Invisible

La colaboración que debes brindarle a la realización del plan divino, en lo que se refiere a tu parte, consiste en hacer una sociedad o un pacto con el Invisible: lo que has aportado te será devuelto en medida desbordante. En el evangelio está escrito: *"Da y se te dará en medida abundante y redoblada"*.

Recuerda, recibirás en proporción a lo que has dado:

> *"Si nada pones, nada tendrás;*
> *si pones uno, tendrás dos;*
> *si pones todo, tendrás todo".*

Siéntete seguro de esto y constatarás su verdad.

Tú sólo debes poner la buena voluntad de mejorarte, obrando el bien, voluntad concreta de realización, no un deseo vago sino voluntad aplicada en la vida cotidiana.

Tú estás protegido

Permanece conectado con la luz que te guía y con tu "yo" espiritual, siempre y en toda circunstancia.

Podrás efectuar la conexión por medio del pensamiento constante en la presencia divina en ti y en el guía.

Serás protegido e invulnerable.

Pero para que la asistencia, la dirección, la ayuda y la protección nunca falten, se necesita, de tu parte, una conducta perfecta.

Eres abandonado a ti mismo cuando obras de modo inarmónico y egoísta. Cuando tu pensamiento y tu acción están lejos de las cosas del espíritu y todo está polarizado en la materia, quedas abandonado a tu experiencia.

Cuando estás unido al mundo del espíritu y tu ideal es el espíritu, trabajando en armonía con las enseñanzas de los guías y conectado con la presencia divina, entonces estás protegido.

No serás olvidado ni abandonado porque trabajas no para tu ventaja, sino por una causa más grande, la misma de aquellos entes elevados y potentes, quienes trabajan como tú para el bien del mundo: su causa es la tuya, y la tuya es también la de ellos: por eso ellos están contigo.

Tú estás protegido. Nadie podrá hacerte daño.

La protección consiste no solamente en la defensa de tu vida contra las asechanzas ajenas, sino en toda situación adversa o contraria a tu trabajo para el bien.

Nadie podrá tocarte si tú mismo no eres el causante. Si alguien te reclama será sólo en relación con la carga de la cual debes liberarte.

Si obras rectamente, nunca serás abandonado. Para no ser abandonado, permanece conectado con los guías. Camina, por tanto, seguro por los caminos del mundo, en cualquier situación, con cualquiera, siguiendo tu ruta. No estás solo, a toda hora estás acompañado, seguido, ayudado, guiado.

Estás marcado, y serás reconocido.

COMIENZA UNA NUEVA FASE EN TU VIDA

Si sabes realizar todo lo que se te dice ahora, tu vida emprenderá un desarrollo diferente.

Pon mucha atención a esto que debes evaluar: son tres puntos sobre los cuales se apoyará de ahora en adelante tu existencia, tres goznes para la realización espiritual que dará serenidad y alegría a tu vida, que de esta manera cambiará totalmente.

Tendrás no solamente la ayuda y la protección que necesitas, sino que tú mismo serás ayuda para los demás y una fuerza bienhechora para todos.

PRIMERO

Tú serás un centro de irradiación del bien. Depende de ti transformarte en un centro de irradiación concreto, como concreto es el pensamiento. Sobre los cercanos, sobre los lejanos, sobre las personas, sobre las cosas, sobre los lugares, sobre tu trabajo, sobre los problemas que afrontas, tú puedes irradiar pensamientos de amor, para todos. De ti deben partir solamente pensamientos y sentimientos benéficos, sobre todos los seres, como los rayos del sol.

También cuando estás sin energía y vacío o en fase de escasa vitalidad espiritual, servirá para reabastecerte de energía, para irradiar a los demás, aun cuando esto pueda parecer una paradoja.

Para hacerlo, puedes usar las palabras que te dicta el corazón o éstas: "Yo irradio amor y bien sobre todas las criaturas".

Bendice todo y a todos: "Serás útil a los demás y a ti mismo. Sentirás llegar una energía renovadora y encontrarás la plenitud de vida que sólo el amor sabe brindar".

SEGUNDO

Esto se refiere al contacto con tu yo espiritual.

Busca mantener una conexión constante con esta fuente de luz que está dentro de ti mismo.

Concentrarse es sentirse adentro. Concentra tu pensamiento y, al ritmo del verso, recita este mantra, lentamente, palabra por palabra, profundizando en su significado:

Presencia divina en mí,
que tu sabiduría
pueda dirigir cada acto mío;
que tu amor
guíe mis pensamientos;

que tu luz

ilumine mi camino.

Envuélveme en tu radiación

ahora y siempre.

En este plano del espíritu, sentirás luz y calor: será un manto de luz en el cual te sentirás envuelto por el Protector Invisible.

TERCERO

Es la elección más hermosa e importante de tu vida: la vía solar del bien, cuando éste se te pide[15].

Sea este cada día tu saludo de la mañana:

Señor, yo consagro mi vida a la causa del bien,

al servicio tuyo y de la humanidad,

acepta mi ofrecimiento

y toma toda mi vida.

Dispón de ella de la manera que tú quieres

Para lo que tú sabes.

Te confío a mi mismo y a mis cosas

en tus manos.

Te confío todo lo que me atañe

para que se cumpla solo tu voluntad.

Ayuda mi propósito,

sostén mi acción para el bien,

---

[15] Puedes pedir el libro *I voluntari del bene* gratis a : A.Rotondi, Via Merulana- 82, Roma.

refuerza mi constancia para siempre.

Éste es mi propósito

para toda mi existencia terrena.

* * *

Este acto de entrega cambiará totalmente tus energías. Comprobarás los efectos en toda tu vida porque atraerás sobre ti las energías más altas que obran para el mismo fin.

Tú entras automáticamente a formar parte de la jerarquía que trabaja en la evolución de la humanidad. Tu elección es la más noble, " la única que realiza el progreso en la vía del amor y de la luz".

Desde que has escogido la vía del bien, te has convertido en un "voluntario del bien".

Esto te lleva a un plan de luz total porque estás destinado al servicio de los demás de manera desinteresada. Tu causa ya no es egoísta y personal, sino la misma que defienden y sostienen los guías.

Tu vida y tus cosas pertenecen al que te guía, que, seguramente, te sabrá proteger y cuidar muy bien.

Has escogido, *"en primer lugar, el reino de Dios y su justicia… lo demás te será dado por añadidura"*.

Ya que das todo, lo tendrás todo.

No deberás temer a nada ni a nadie, porque nada ni nadie te podrá hacer daño.

Tu disposición de ánimo será la más poderosa llamada que atraerá todo el bien de parte del Protector Invisible.